평생 배우는 사람들

평생 배우는 사람들

발행일	2025년 7월 7일
지은이	정영미, 이은진, 김선자, 라선경, 류정희, 장은경, 하주언, 이선희, 권광택
펴낸이	손형국
펴낸곳	(주)북랩
편집인	선일영
편집	김현아, 배진용, 김다빈, 김부경
디자인	이현수, 김민하, 임진형, 안유경
제작	박기성, 구성우, 이창영, 배상진
마케팅	김회란, 박진관
출판등록	2004. 12. 1(제2012-000051호)
주소	서울특별시 금천구 가산디지털 1로 168, 우림라이온스밸리 B동 B111호, B113~115호
홈페이지	www.book.co.kr
전화번호	(02)2026-5777
팩스	(02)3159-9637
ISBN	979-11-7224-716-4 03810 (종이책) 979-11-7224-717-1 05810 (전자책)

잘못된 책은 구입한 곳에서 교환해드립니다.
이 책은 저작권법에 따라 보호받는 저작물이므로 무단 전재와 복제를 금합니다.
이 책은 (주)북랩이 보유한 리코 장비로 인쇄되었습니다.

(주)북랩 성공출판의 파트너

북랩 홈페이지와 패밀리 사이트에서 다양한 출판 솔루션을 만나 보세요!

홈페이지 book.co.kr • **블로그** blog.naver.com/essaybook • **출판문의** text@book.co.kr

작가 연락처 문의 ▶ ask.book.co.kr

작가 연락처는 개인정보이므로 북랩에서 알려드릴 수 없습니다.

두 번째 인생을 시작한 9인의
평범하지만 위대한 배움의 여정

평생 배우는 사람들

정영미
이은진
김선자
라선경
류정희
장은경
하주언
이선희
권광택
지 음

북랩

✦✦ 들어가는 글

"처음이니까 어려운 거야. 반복하면 쉬워질 거야."

우유 배달 전단이 내 인생의 두 번째 문을 열어 줄 줄 그때는 몰랐다. 한밤중, 잠든 아이 옆을 조심스럽게 벗어나며 새벽 공기를 가르던 시간. 아파트 복도에는 내 발소리만이 울렸다. 주문과 다른 품목이 남았을 때의 당혹감 그리고 매일 달라지는 고객 요청에 혼란스러웠던 마음이었다. 그 모든 순간은 결국 나를 단련시키고 길을 열어 주었다. 그림책 한 권 더 사 주고 싶은 간절한 엄마의 마음이 우유 상자를 들게 했고, 책 배달을 하게 했다.

나는 아이를 유모차에 태우고 놀이터에서 전단을 나눠 주던 엄마였다. 아이들에게 더 많은 책을 읽어 주고 싶다는 소망 하나로 나는 '책을 배달하는 사람', '동화로 아이들의 눈을 반짝이게 만드는 사람'이 되었다.

책은 내게 길을 알려 주는 나침반이었다. 우유 배달로 시작된 길은 책 배달, 동화구연 강사, 인형활용교육 강사로 이어졌다. 꼴찌로 수료한 동화구연에서 시작된 도전은 결국 아이들 앞에 당당히 서 웃음과 감동을 주는 강사가 되었다. '처음이니까 어려운 거야. 반복하면 쉬워질 거야.' 이 주문은 나의 삶 전체를 관통하는 신념이 되었다.

이 책에는 각자의 방식으로 인생을 살아온 아홉 명의 이야기가 담겨 있다. 누군가는 좌절에서, 누군가는 선택의 갈림길에서, 또 누군가는 새로운 삶의 열망에서 출발했다. 방향은 달라도 공통점은 있다. 우리는 모두 포기하지 않았고, 새로운 도전을 두려워하지 않았다.

나의 두 번째 인생은 새벽 공기 속에서, 유모차를 끌며 건넨 전단 한 장에서, 아이의 작은 눈망울을 바라보며 시작되었다. 세상이 이해하지 못해도 나는 나만의 길을 꿋꿋이 걸어왔다. 그 길 위에서 얻은 것은 돈이 아니라 삶의 주체로서의 '나'였다.

이 책을 통해 누군가가 자신의 새벽을 두드릴 용기를 얻길 바란다. 지금, 이 순간, 당신도 어떤 전단을 마주하고 있을지 모른다. 그 작은 계기가 당신의 삶을 바꿀 수 있다. 처음이라서 어렵다면 괜찮다. 반복하면 쉬워질 것이다.

『평생 배우는 사람들』은 인생의 전환점에서 만난 아홉 명의 이야기다. 해냄 공저 4기로 모인 우리는 각자의 자리에서 치열하게 살아온 평범한 사람들이지만, 어느 날 문득 '이제 나의 이야기를 써야겠다'라는 결심 하나로 글을 쓰기 시작했다. 그렇게 2025년 2월 21일, 우리 아홉 명의 작가가 함께 모였다.

이 책은 삶과 일의 병행 속에서 겪은 우여곡절, 늦은 나이에 시작한 배움의 설렘, 자격이라는 이름 앞에 부딪힌 현실 그리고 인생 후반기에 새롭게 움튼 글쓰기의 열정 네 개의 장으로 엮었다.

1장 '삶과 일 병행 우여곡절이 많습니다'에서는 생계를 책임지며 꿈을 포기하지 않았던 이야기를 담았다.
2장 '지금 배움의 꽃이 피기 시작합니다'에서는 늦깎이 공부에 뛰어든 용기와 배움의 기쁨을 나눈다.
3장 '평생 배움은 자격을 갖추는 일입니다'에서는 자격증 하나에 담긴 간절함과 자존감을 이야기하고 있다.
4장 '인생 후반기에 글을 쓰기 시작합니다'에서는 마침내 자신의 목소리로 삶을 기록하는 감동의 순간을 전한다.

늦게 피는 꽃이 더 짙은 향기를 품듯, 이 책 속 이야기들은 천천히 피어났기에 더 깊고 진한 울림을 준다. 우리의 이야기가 누군가의 마음에 작은 위로가 되길, 그리고 또 다른 늦깎이 꽃들에 응원의 씨앗이 되길 소망한다.

2025. 6.
〈JYM인형이야기〉 **정영미** 작가

차례

들어가는 글 / 4

✕ 1장 ✕
삶과 일 병행 우여곡절이 많습니다

새벽 우유 배달에서 시작된 두 번째 인생 / 15
정영미

비우며 채우는 삶 / 20
이은진

나는 초보 엄마 / 25
김선자

가난의 허기를 채워 주는 소울푸드, 라면 / 30
라선경

좋아서 하는 거잖아 / 37
류정희

상처 위에 핀 단단한 나 / 43
장은경

가족도 성장합니다 / 49
하주언

어린 시절, 놀이가 되어 준 삶의 기억들 / 57
이선희

가난이 준 선물 / 62
권광택

✕ 2장 ✕
지금 배움의 꽃이 피기 시작합니다

동화구연대회에서 꼴찌를 하다 / 71
정영미

나를 성장시키는 아침 / 77
이은진

우리 집 으뜸이 / 83
김선자

어떻게 하면 부자가 되나요? / 88
라선경

나에 대한 투자가 올진 것이다 / 95
류정희

돌봄에서 피어난 나의 삶 / 100
장은경

무식한 축적기 / 106
하주언

첩과 살아온 39년 / 112
이선희

배우는 것이 마음을 채우는 것입니다 / 119
권광택

3장
평생 배움은 자격을 갖추는 일입니다

두려움 너머엔 내가 있었다 / 127
정영미

독서로 바꾼 나의 삶 / 133
이은진

새로운 일에 도전장을 내밀다 / 139
김선자

도전하는 쾌감 / 145
라선경

도대체 공부가 뭔데? / 150
류정희

내 손끝의 용기 / 155
장은경

교사에서 보험 설계사로 / 161
하주언

눈에 보이지 않던 아버지의 사랑 / 168
이선희

돌이킬 수 없는 사고 / 173
권광택

✕ 4장 ✕
인생 후반기에 글쓰기를 시작합니다

열 타임의 하루 / 183
정영미

어쩌다 작가 / 188
이은진

공부하다 여행용 가방과 함께 쫓겨날 뻔 / 193
김선자

원래 떠밀려 가는 거구나 / 199
라선경

나는 내가 참 좋다 / 205
류정희

딸의 편지, 나를 찾아가는 글쓰기 / 210
장은경

나의 삶과 위로 / 215
하주언

글쓰기라는 항로, 독자라는 목적지? / 220
이선희

생각의 방 / 226
권광택

마치는 글 / 232

1장

삶과 일 병행
우여곡절이 많습니다

새벽 우유 배달에서 시작된 두 번째 인생

정영미

창살 없는 감옥에서 4년 6개월을 보냈다. 고등학교 시절, 특별한 꿈도 목표도 없이 대학 진학을 앞두고 있었다. 엄마의 권유로 취업 잘된다는 이유 하나로 식품영양학과에 진학했다. 졸업 후 외국계 제약 회사에서 영양사로 근무하게 되었다. 처음 6개월은 업무에 적응하느라 분주했다. 일이 익숙해지면서 시간이 남아돌았다. 하루 업무는 90명 직원 점심 한 끼 식단 짜는 일이 전부였다. 회사에서 여유로움은 곧 지루함이 되었다. 나는 창살 없는 감옥에 갇힌 기분이 들었다. '이곳을 벗어나야 성장할 수 있다'라는 생각만 맴돌았다. 그러던 중 남편 만나 결혼이라는 탈출구가 생겼다. 그 당시는 결혼하면 여성이 직장 그만두는 것이 자연스러웠다. 나 역시 그렇게 4년 6개월 다닌 회사를 그만두었다.

아이를 키우며 집에 있다 보니 방문 판매 영업 사원을 자주 만났다. 그들의 이야기를 듣다 보니 아이 교육에 책이 절대적으로 필요하다는 믿음이 생겼다. 하지만 남편 월급 절반은 내 집 마련 적금으로 들어갔다. 그림책 전집을 살 여유가 없었다. 아이 돌보며 돈 벌 방법을 고민하고 있었다. 엘리베이터 옆에 붙은 '우유 배달 사원 모집' 공고가 눈에 들어왔다.

'그래, 이거야! 새벽에 한 시간만 투자하면 돈 벌 수 있겠어.' 퇴근하고 온 남편에게 우유 배달로 돈 벌고 싶다고 말했다. 남편은 도와주겠다고, 해 보라고 했다. 그렇게 우유 배달을 시작했다. 그러나 우유 배달은 생각보다 쉽지 않았다. 고객마다 배달 요일과 품목이 달라 신경 써야 할 것이 많았다. 3일 전에 배달 사원이 대리점에 우유를 주문한다. 고객이 갑자기 취소하면 남은 우유는 배달 사원 몫이 되었다. 첫 달 수입은 얼마 되지 않았다. 돈이 아닌 남는 우유를 많이 마셨다. 생각했던 것보다 돈도 못 벌고 힘들었지만 포기할 수 없었다. 고객에게 취소는 3일 전에 해 달라고 부탁했다. 반복해서 배달하다 보니 어느 집에서 어떤 요일에 무엇을 먹는지 자연스럽게 익혀졌다. 점점 요령이 생겼다. 더 많은 고객을 확보하고 싶어졌다. 유모차에 아이 태우고 '나는 이 아파트의 건강 지킴이야'라는 마음으로 전단지를 들고 놀이터로 나갔다. 아이 데리고 나온 엄마들과 이야기 나누며 자연스럽게 전단지를 건넸다. 그렇게 고객을 하나둘 늘려 갔다. 남편 회사에도 우유를 배달하며 3개월 만에 수입을 네 배로 늘렸다. 마침내 그림책 전집을 구매할 수 있었다. 벽면 가득 채운 책장을 보며 흐뭇했다. 아이를 똑똑하게 키울 수 있을 거라는 기대에 가슴이 벅찼다.

친정엄마는 "참 부지런히 열심히 산다"라며 칭찬하셨다. 시어머니는 "돈 덜 쓰면 되지, 우유 배달을 왜 하냐"라며 이해하지 못하셨다. 하지만 아이에게 더 나은 환경을 만들어 주고 싶어 그만둘 수 없었다. 6개월 후, 둘째를 임신하며 우유 배달을 그만두었다. 새벽 시간에 사람과 마주치면 깜짝 놀라는 일이 뱃속 아이에게 좋지 않을 것 같았기 때문이다. 이후 둘째가 두 돌 될 때까지 돈을 벌 수 없었다. 책을 더 사 주고 싶은 마음은 여전했다. 그러던 중 '도서 대여업'이라는 새로운 기회를 발견했다. 우유 배달보다 수익이 5배나 되었다. 아이들 있는 집에 책을 갖다주는 '독서 전도사'가 될 수 있다는 점이 마음에 들었다.

그러나 현실은 기대와 달랐다. 목돈 천만 원 투자해 가맹비와 자동차까지 샀다. 신설 도서 대여업체라 고객이 한 명도 없었다. 남편 월급에서 신문 전단지 광고비로 70만 원을 투자했다. 전단지를 보고 7명한테 전화가 왔다. 첫 수입은 3만 5천 원이었다. 두 아이 어린이집 비용도 감당하기 어려웠다.
'이러다 망하겠다. 그냥 가만히 있었으면 천만 원은 그대로 남았을 텐데!' 절망감이 밀려왔다.

아이들 데리러 어린이집 가서 원장님께 상황을 말하자 원장님이 말했다.

"기용이 엄마, 천만 원으로 시작한 일을 실패로 끝낸다면 나중에 1억, 10억으로 시작하는 일은 어떻게 하려고 해요? 조금만 더 해서 성공으로 만들어 놓고 그만둬요."라는 말이 나를 다시 일으켜 세웠다. 다시 도전하기로 했다. '전단지 배포 금지' 경고 문구 앞에서 발뒤꿈치 들고 조심조심 전단지를 붙였다. 아파트 앞에서 파라솔 펴고 책 읽기 중요성을 홍보했다. 처음에는 부끄러워서 전단지를 주는 것도 힘들었다. '성공으로 마무리하고 그만두자'라는 말을 되뇌며 용기 내어 한 사람 한 사람에게 전단지를 나눠 주며 다가갔다. 어느 날 새로운 고객한테 전화가 왔다. 초인종을 눌렀다. 그런데 현관문을 열어 주는데, 아는 얼굴이다. 대학 동창이었다. 동창은 나를 보고 깜짝 놀라며 "왜 이런 일을 해?"라고 물었다. 나는 아이들 책 사 주기 위해 돈을 번다고 했다. 동창은 S 중학교 계약직 영양사 자리를 소개해 주겠다고 했다. 아이들이 커서 엄마가 책 배달하면 창피하지 않겠냐며 걱정해 주었다. 나는 온종일 얽매이는 일보다 시간을 자유롭게 조정할 수 있는 일이 더 좋다고 당당하게 말했다. 나는 독서 전도사라는 자부심으로 주어진 시간에 최선을 다했다.

그 결과, 6개월 만에 100가구, 1년 후에는 200가구가 고객이 되었다. 매달 100만 원을 적금할 수 있을 만큼 성장했다. 성실함을 알아본 고객들이 새로운 고객을 소개해 주었다. 월드컵이 열렸던 해, 축구 경기가 한창인 시간에 책 배달하러 갔다. 한 고객이 "축구 안 보고 책 가지고 오세요?"라며 웃으며 맞아 주었다. 그때 나는 깨달았다. 내가 하는 일에 성실함을 다한다면 반드시 인정받게 된다는 것을 알았다. 정해진 시간에 배달한 건 성실함 그 자체였다. 그 꾸준함은 다른 고객을 연결해 주었다.

"성실한 노력은 언제나 보상을 받는다."

나폴레옹 힐의 말이다.

무엇이든지 간절히 원하면 길이 보인다. 아이에게 책 사 주고 싶은 엄마의 마음은 우유 배달, 책 배달을 할 수 있는 용기를 주었다. 남의 시선도 신경 쓰지 않고, 원하는 목표를 이루게 했다. 알면 쉽고 모르면 어려운 것이다. 책 배달이라는 단순한 일도 처음 시작할 때는 어려움이 있다. 하지만 몇 번 반복하고 나면 쉬워진다. 하고 싶은 것이 있으면 시도해 보는 것이다. 새로운 도전에 겁먹지 말고 주문을 외워 보자.

"처음이니까 어려운 거야. 반복하면 쉬워질 거야."

비우며 채우는 삶

이은진

 꼭 필요한 것만 소유하고, 가치 있게 소비하며 미니멀 해지자. '쓸모 있겠지?' 혹시나 했지만 역시나 쓰지 않는다. 쌓여 가는 물건에 나의 인생도 지배당했다. 어차피 다 쓰지 못한다. 집 안에 물건이 가득 차 있으면 어디에 있는지 모르고, 또 사는 일의 반복이다. 청소하기도 싫고 집에서 편히 쉬지도 못한다. 자꾸 집 밖으로 나가게 되고, 밖으로 나가면 지갑도 열리고 돈을 더 쓰는 악순환의 반복이다.

 병원 근처 5평 남짓 원룸 자취방에는 물건이 가득했다. 킹사이즈의 매트리스가 방 한가운데에 놓여 있고, 옷으로 가득했던 행거는 창을 가렸다. 햇빛은 완전히 차단되었다. 대부분 먹고 자는 생활의 연속이었다. 감옥이나 마찬가지였다. 휴식도 편하지 않았다. 지쳐 쓰러져 잤다. 쉬는 날에는 무조건 밖으로 나가기 바빴다. 집에서 쉬고 싶지가 않았다. 나의 방앗간은 다이소, 올리브영, 보세 옷가게였다.

예쁘게 진열된 물건들을 구경했다. 오늘은 쇼핑하지 않고 구경만 하기로 다짐해도 지나치지 못했다. 아기자기한 예쁜 소품들 가득했다. 옷 쇼핑도 꾸준히 했다. 계절이 바뀌면 작년에 무엇을 입었는지 기억 못 하고 비슷한 옷을 계속 샀다. 행거는 버티지 못하고 무너졌다. 무너진 상태로 그냥 살기도 했다. 집에서는 물건에 치이고, 병원에서는 업무에 치였다. 오히려 간호사인 나보다 환자들이 활력이 넘쳤다.

  결혼 후, 방 2개, 거실 1개, 화장실 1개의 17평 아파트에서 신혼 생활을 시작했다. 아기자기한 신혼의 로망이 있었으나 전혀 그러지 못했다. 소파, 침대, 시스템 옷장으로 가득 찼다. 큰 집으로 이사 갈 생각으로 큰 크기의 소파, 침대를 샀기 때문이다. 현재 살고 있는 34평 아파트에 딱 맞는 사이즈의 가구들이다.

  아파트 현관문을 열면 거실이 바로 보인다. 고구마 먹고 얹힌 것처럼 가슴이 답답했다. 나의 신혼생활은 10년 이상 살아온 듯한 익숙함으로 알콩달콩 사랑스러운 분위기는 없었다. 그냥 현실이었다. 주방에서 요리해 집밥 먹을 분위기도 아니어서 외식하거나 배달, 포장을 주로 했다. 발 디딜 틈 없던 베란다, 뭐라도 꺼내려 하면 우르르 쏟아진다. 베란다는 창이 넓고 채광이 좋았다. 하지만 햇빛은 들어오지 못했다. 퀸 사이즈 침대를 다 품지 못했던 안방, 방문은 반밖에 열지 못했다. 당시에는 화사하다고 생각했는데, 지금 와서 생각해 보니 어두컴컴한 분위기였다. 좁은 집이라 '큰 집으로 이사하면 되겠지'라는 마음으로 그냥 살았다. 돈은 전혀 모이지 않았고, 정신적 스트레스가 가득했다. 알콩달콩할 신혼이지만 서로 이해 못 하고 매일 티격태격 반복이었다. 사소한 거 하나라도 서로가 옳다며 의견 충돌이 많았고, 충돌된 의견으로 매일 싸웠다. 청소하기 역시 귀찮았다. 필요한 것 같아 샀는데, 한두 번 쓰고 더 쓰지 않았다. 충동 구매는 빈번했다. 쓸모없는 것에 정신 팔리고, 의식이 흐트러진 채 살았다. 스트레스를 물건 사는 걸로 풀었지만 잠깐이었다.

이대로는 안 될 것 같아 맥시멀에서 미니멀하게 삶을 전환하기로 했다. 정리와 관련된 책과 영상을 보며 공부했다. 그중 제일 본받고 있는 분이 있다. 바로 1일 1정리 카페를 운영하는 심지은 작가다. 심지은 작가는 아이 1명 키우는 3인 가구로, 24평 아파트에서 살고 있다. 유튜브 영상에서 본 24평 아파트는 전혀 좁지 않게 보인다. 막힘없이 탁 트여 시원한 개방감과 아늑함이 느껴졌다. 심지은 작가는 네이버 카페, 유튜브, 인스타그램 등 SNS 활동도 꾸준히 한다. 육아도 하며 책도 쓴 작가다. 몸은 하나인데, 다양한 역할로 살아간다. 일인다역이다. 불필요하게 에너지를 빼앗기지 않고 비우면서 에너지를 채워 가고 있다. 비움이 잘되면 청소하기도 좋고, 나만의 가치 있고 소신 있는 삶을 살아가게 된다. 1일 1정리 카페 활동을 하며 회원들과 일상을 공유하고 있다. 하는 일이 상당하다. 육아도 하고, 운동도 하고, 블로그도 하고, 일도 하고, 집안 살림까지 정말 부지런하다. 움직일수록 넘치는 에너지가 느껴진다. 매일 활력이 넘친다. 부자들 모두 그러지는 않겠지만 전반적으로 집이 깨끗하다. 하는 일도 많은데 집은 가지런하게 잘 정돈되어 있다. 편하게 쉬어야 하는 공간이자 마음의 안식처인 집이 물건으로 가득하면 사물에 지배당하기 일쑤다. 1평에 1,000만 원이 육박하는 요즘, 아파트 물가에 내가 아닌 물건들에 한 평이라도 내어 주고 싶지는 않다. 물건을 정리하고 비우기 시작하면서 나의 생활도 가벼워졌다. 집이 물건으로 가득 찬 만큼 고민도 많아지게 된다. 지끈지끈한 두통은 항상 있었다. 집에 있기 싫고 밖으로 나가려는 성향이라 외향형인 줄 알았는데, 이제는 집이 좋은 집순이가 되었다. 집에 있어도 할 일이 무궁무진하다. 집에서 충분히 힘을 비축하고 출근하면 신나고, 활기차게 기운이 솟아난다. 환자와 보호자들에게도 좋은 기운이 전해지고 감사하다며 자꾸 먹을 것을 손에 쥐어 주신다. 유독 내가 근무할 때 간식이 많이 들어온다. 같이 근무하는 동료들도 나와 함께 근무하고 싶다고 말한다. 정신없이 일하지 않고, 유연하며 재미있게 일하고 있다.

경제적 자유를 이루고자 돈을 목적으로 일을 했다. 돈을 많이 모아서 잘 살고 싶었다. 지금은 경제적 자유를 이루었다. 돈이 많아서

가 아니다. 돈 때문에 걱정하지 않으려 한다. 하고 싶은 일, 먹고 싶은 것 먹는다. 남편과의 관계도 신혼 때보다 더 달달하다. 맹목적으로 남편에게 의지하지 않고 적절한 거리 두기도 자연스레 하게 되었다. 꼭 필요한 것에 집중한다. 해야 할 것 즐기며 살아간다. 안에서나 밖에서나 기분 좋게 살아가고 있다.

집은 물건을 위한 수납장이 아니라, 나를 위한 쉼터다. 불필요한 물건을 비워 낼 때 공간은 비로소 진정한 안식처가 된다. 단순함은 마음의 여유를 가져다주고, 집중할 가치 있는 것들에 더 깊이 다가설 수 있게 해 준다. 물건이 아닌 경험과 의미로 채워진 공간은 삶을 더 풍요롭게 만든다. 미니멀 라이프는 단순히 물건을 줄이는 것이 아니라, 나에게 진정 중요한 것을 발견하는 여정이다.

삶이 답답하고 머리 아픈 일이 가득한가? 그렇다면 집이 충분히 휴식할 만한 공간인지 확인해본다. 집 상태에 따라 나의 기분도 달라진다. 버릴 물건은 버리고, 집 안을 정리하니 개운하다. 비울수록 채워진다. 아침에 일어나면 가볍다. 정리가 되니 물건도 빨리 찾고 시간도 절약된다. 이제는 맥시멀 라이프에서 미니멀 라이프를 추구하는 인생을 살아가려 한다. 꼭 필요한 일에 집중하고 가치 있는 소비를 하며, 가볍게 나답게 살아가려 한다.

나는 초보 엄마

김선자

피곤해서 일찍 잠이 든 날이었습니다. 화장실에 가고 싶어 몸을 뒤척이던 중 손에 끈적한 것이 닿는 것을 느꼈습니다. '이게 뭐지? 꿈인가?'라고 생각하며 다시 돌아눕다가, 손끝의 감각이 꿈이 아니라는 생각이 스쳤습니다. 머릿속은 궁금증으로 가득 차 있었지만, 몸이 피곤해 어둠 속에서 대영이를 만졌습니다. 아직 7개월밖에 되지 않은 대영이가 우유를 먹고 토한 것 같았습니다. 그 순간, 남편에게 "자기야, 빨리 불 켜!"라며 다급하게 소리쳤습니다.

형광등이 방을 환하게 비추자, 피범벅이 된 대영이의 얼굴과 빨간 이불, 베개가 보였습니다.
"큰일 났다. 무슨 일이 벌어진 거지?"
정신없이 대영이를 끌어안고 흔들어 깨우며 "대영아, 대영아, 어디 아프니?"라고 소리쳤습니다. 자다가 깬 대영이는 엄마의 외침에 무슨 일이 일어난 건지 모르는 표정으로 저를 바라보며 칭얼거렸습니다. 남편은 재빠르게 수건을 물에 적셔 대영이의 얼굴을 닦으며 피가 어디서 나오는지 살펴보았습니다. 다행히 특별한 이상은 없어 보였습니다.

그때, 낮에 보모에게 들었던 이야기가 떠올랐습니다. "대영이 엄마, 오늘 대영이가 피아노 잡고 일어서서 누나가 피아노 치는 걸 들으며 신이 나서 춤을 추다가 피아노 의자 모서리에 부딪혀서 피가 났어요."라고 별 대수롭지 않게 이야기했던 것이 생각났습니다. '그럴 수도 있겠지, 워낙 흥이 많은 아이니까' 하며 무지한 초보 엄마로서 그걸 그냥 넘겼던 것입니다.

대영이의 입속을 살펴보니, 입안이 찢어져 자면서 옆으로 눕다 보니 그곳이 눌려 피가 난 것 같았습니다. "세상에, 입안이 찢어졌다고 말해 주지. 그냥 부딪혔다고만 했을까?" 하며 보모를 원망했습니다.

저는 작고 귀여운 아이들이 좋아서 유아 교육을 전공하고 결혼 전부터 국공립 어린이집에서 근무했습니다. 결혼 후에도 직장을 다녔기에 대영이를 낳고도 당연히 어린이집에서 근무하고 싶다고 남편에게 이야기했습니다. 출산 휴가가 끝나고 대영이를 맡길 곳이 마땅치 않아 집과 가까운 곳에서 아기를 돌보아 줄 보모를 구했습니다. 1997년 당시 워킹맘이 드물었기에, 보모를 구하기가 쉽지 않았습니다. 최대한 제 여건에 맞는 분을 찾느라 애를 먹었습니다. 제가 직접 만나 본 보모에게는 4살, 7살의 자녀가 있었습니다. 어린 자녀가 둘이나 있으면 우리 대영이가 돌봄의 우선순위에서 밀리지 않을까 하는 걱정이 들었습니다. 하지만 아이들이 대영이를 귀엽다고 여기며 동생처럼 대해 주는 것을 보니 마음이 놓여 그곳에 맡기기로 했습니다.

대영이가 잘 적응하고 즐겁게 생활한다고 믿고 지냈지만, 이런 사건이 발생하니 온갖 부정적인 생각들이 들었습니다. 다음 날, 입술이 부르트고 몸 상태가 좋지 않은 대영이를 맡기려니 마음이 불편했습니다. 그러나 대영이를 돌봐 줄 사람이 없었기에, 울며 겨자 먹기로 다시 보모에게 대영이를 맡기고 조금 더 신경 써 달라고 부탁했습니다.

출근 후에도 온종일 대영이가 잘 지내고 있는지, 우유는 잘 먹었는지 걱정되니 하루가 어떻게 지났는지 생각도 나지 않았습니다. 퇴근하자마자 대영이를 데리러 갔고, 다행히 온종일 잘 놀았다는 말을 들었습니다. 대영이가 엄마를 보자마자 시퍼렇게 멍든 입술로 뽀뽀

하며 안기는 모습을 보니, '오늘 무사히 잘 보냈구나'라는 생각이 들었습니다.

　이 사건 이후로는 대영이를 매일 검사하듯 살펴보았고, 밤에 자다가 울면 '오늘은 어떤 일이 있었기에 대영이가 우는 걸까?' 소설을 쓰곤 했습니다. 모든 것이 의심스럽고 마음이 불안했습니다. 하지만 딱히 대영이를 돌봐 줄 사람이 없었기에 다시 보모에게 맡기고 출근했습니다. 또 어떤 날은 '남의 자식을 잘 키우려고 내 자식을 버려두나?' 싶은 생각도 들고, '내가 너무 나만 생각하는 이기적인 엄마인가?'라는 마음도 생겨 하루에도 몇 번씩 직장을 그만둬야 하나 고민했습니다.

　하지만 곰곰이 생각해 보니, 아무것도 모르는 초보 엄마인 저에게 육아를 잘할 수 있도록 이유식 만드는 법부터 대영이가 좋아하는 음식을 꼼꼼히 이야기해 주신 고마운 분이라는 생각이 들었습니다. 그분도 어린 자녀를 키우며 갓난아기를 맡아 키우느라 얼마나 힘드셨을까요? 어려운 상황에서도 우리 대영이를 돌보아 주신 것에 감사함이 더 커야 한다는 사실을 이제야 깨달았습니다.

　'사람이란 부족함을 통해 성장한다.'라는 말처럼, 저는 그분을 통해 많은 것을 배우고 성장했습니다. 지금은 얼굴도 생각나지 않는 분이지만, 저에게 계속 일을 할 수 있는 여건을 만들어 주신 분이기에 언젠가 만나게 된다면 꼭 감사의 말을 전하고 싶습니다. 제가 좋아하는 일을 할 수 있도록 도와주셔서 감사합니다. 철없던 초보 엄마 시절에 의심하고 미워하는 마음을 가져서 죄송합니다. 덕분에 직장 생활을 잘할 수 있었습니다. 아무것도 모르고 유아교육을 전공했다는 이유로 오만하고 교만했던 저를 되돌아보게 되어 깊이 감사드립니다. 일과 육아를 모두 잘할 수 있는 사람은 드물다고 생각합니다. 초보 엄마일수록 더욱 그렇습니다. 두 가지 일을 다 잘하려 하기보다는, 마음의 여유를 가지고 부족하면 부족한 대로, 넘치면 넘치는 대로 물 흐르듯이 살아가는 것이 더 행복한 삶이 아닐까 생각합니다.

가난의 허기를 채워 주는
소울푸드, 라면

라선경

라면은 누가 만들었을까? 라면 개발자를 생각하면 감사하기까지 하다. 회의가 끝나자마자 집에서 라면을 먹기 위해 서둘러 사무실을 나왔다. 벌써 기분이 좋아진다. 얼큰한 신라면을 먹을까? 추억의 삼양라면? 건강을 더 챙겨 줄 것 같았던 미역 라면? 어떤 라면을 끓여 먹을지 종류를 떠올리다 보니 점점 군침이 돌았다. 라면 종류가 얼마나 될까 싶어 신호 대기 중 검색했다. 세상에나! (2023년 3월 30일 기준으로) 무려 557종의 라면 종류가 있는 게 아닌가. 반려견 라면까지 출시되어 있다. 그중 내가 먹어 본 것은 몇 종류 되지 않는다. 모든 종류를 하나씩 먹어 보고 싶다는 생각을 하며 집에 도착했다. 기분이 안 좋거나 스트레스받으면 라면 한입에 나의 기분은 눈 녹듯이 사그라든다.

지금은 유치원생들도 마음껏 사 먹을 수 있는 라면이 나의 어릴 적에는 용납되지 않았다. 라면은 귀하고 비쌌다. 국수는 양이 많고, 라면보다는 저렴했다. 그렇다 보니 어려운 살림인지라 엄마는 국수만 넣어 자주 끓여 주셨다. 그러던 어느 날 길쭉길쭉한 국수만 있는 냄비에 꼬불꼬불한 라면 하나를 넣어 엄마가 한 냄비 끓여 오셨다. 국수 한 다발에 라면 한 봉지를 넣은 국수라면은 나의 마음을 설레게 했다. 엄마가 한 그릇씩 나누어 담을 때마다 아빠 그릇 쳐다보고, 냄비 한번 보고, 동생들 그릇에 차례로 담아 줄 때마다 내 그릇에 담겨 있는 라면보다 많을까 봐 눈알이 뱅뱅 돌아갔다. 냄비에 꼬불꼬불한 라면 가닥이 줄어들 때마다 아쉽고 아쉬웠다. 얼른 먹고 더 먹고 싶었다. 한 가닥이라도 더 먹고 싶어 냄비 바닥을 젓가락으로 휘저으며 작은 가닥 한 줄이라도 건지길 바랐다. 라면이 들어간 국수를 먹어 본 날은 많지 않았다.

어느 날, 라면 한 상자가 집에 있었다. 우리 집 형편이 나아진 것인지 갑자기 부자가 된 느낌이었다. 그렇게 많았던 라면을 얼마나 신나게 끓여 먹었는지 모른다. 딱 한 번이다. 한 상자가 놓여서 행복했던 날!

엄마는 나에게 국수 심부름을 자주 시켰다. 국수를 자주 먹었다는 뜻이다. 그래서인지 지금도 국수를 그다지 좋아하지 않는다. 그러나 라면은 정말 좋아한다. 누가 개발했는지, 간단한 식량으로 최고의 음식이 라면이지 않을까 싶다.

외갓집이나 친할머니 댁을 주기적으로 갔었다. 이유는 라면 하나를 오롯이 나 혼자 먹을 수 있었고, 나 혼자 맛보는 행복감 때문이었다. 내 허기진 배와 가난을 잠시라도 잊게 해 준 라면이 성인이 된 지금도 여전히 영혼을 달래는 메뉴로 남아 있다.

결혼 후 고등학교 때, 임원 생활을 했던 친구들과 모임을 계속 이어 가고 있었다. 모임을 갔던 어느 날, 한 친구가 "너희 집이 그렇게 가난한 줄 몰랐어."라고 말했다.
"네가 부회장이 되고 집에 초대해서 놀러 갔을 때 깜짝 놀랐어."
"지금도 생생하게 기억나. 어린 동생들이 4명이나 있었고, 방 하나에 가운데 장롱을 두고 동생들이 비좁은 공간 사이로 지나다니며 살고 있던 집. 사실 부회장이라 잘 사는 줄 알았거든."
뜬금없이 입을 뗀 친구의 말에 나의 머릿속이 멍해졌다.
나는 친구네 집을 한 번도 가 보지 못했다.
"다들 그렇게 사는 거 아니었어?"
나는 대답했다.
"그래, 우리 집 그때 어려웠어! 그래서 내가 대학을 포기했잖아.

그래서 너희들 만난 거고."
 시간이 지나면서 그 시절의 이야기가 생각난다.
 우리 집을 다녀간 친구들은 어떤 이야기들을 했을까? 시간이 흘러 성인이 된 후에도 그 시절의 기억과 추억은 부끄럽게 떠오른다. 가난이 나의 죄는 아닌데, 여전히 가슴에 먹먹하게 남는 이유는 무엇인가? 친구들을 집으로 초대한 것은 부끄럽지 않았다. 친구들과 모임에서 헤어져 집에 와서도 나는 라면을 끓여 먹었다. 호로록 후후 불며 먹었던 라면이 허기진 마음을 달래 주었다. 어린 내게 부의 상징인 라면이 위로되었다.

 결혼 후 아이들을 키우면서 라면 한 상자 사다 놓은 날이 있었다. 과자를 살 때 한 개씩만 제한하던 내가 라면 한 상자를 사다 놓은 날은 온 세상을 다 가진 듯이 행복하다. 아이들은 서로 라면 상자를 뜯고 좋다고 난리다. 아이들의 그런 모습만 봐도 흐뭇하다. 라면이 뭐길래 아이들이 저렇게 좋아할까? 부자 엄마가 된 듯하다.
 일이 잘 풀리지 않고 마음에 생채기가 난 날에는 집으로 달려와 냄비에 콩나물과 황태, 다시마, 두부, 달걀 등을 넣고 펄펄 끓여 한 그릇 먹고 나면 금세 기분은 좋아지고, 다시금 앞으로 나아갈 힘이 생긴다. 지금 나의 직업이 된 네트워크 사업은 어릴 때의 가난과 결혼 생활 후 겪은 돈에 대한 걱정을 해결할 수 있는 감사의 도구다.

내 삶과 일의 성장을 이루기 위해 시간과 노력을 하고 있다. 그러다 보니 새로운 세계의 경험은 우여곡절도 많다.

평생 잊지 못할, 웃을 수도, 울 수도 없는 이야기 하나다. 딸 항암 병간호 후 내려와서 사업을 시작했을 때의 일이다. 병간호로 망가진 내 몸을 돌보기 위해 제품을 먹고 9킬로그램 감량이 되면서 예전의 나보다 더 건강하고 예쁜 내가 되었다. 파트너 후원하러 갔는데, 70세 넘으신 남성분이 나를 아래위로 훑어보더니 "이게 뺀 거에요?" 하는데 순간 당황스럽고, 수치감도 느꼈다. 그러나 후원이다 보니 내 기분을 드러낼 수가 없었다. 나의 순발력! 지금 생각해도 최선이었다.

"이래 봬도 10킬로 뺀 몸매인데요."

밝은 미소와 함께 나의 설명은 시작되었고 그분은 정중히 사과하셨다. 워낙 어깨도 넓고, 골격도 있는 몸매다 보니 왜소했던 그분은 그런 반응을 보이셨던 것 같다. '그래도 그렇지 사람을 앞에 두고, 예의도 없는 인간! 나는 김혜수 몸매인데.' 하고 속으로 생각했다. 파트너분이 내가 자리를 뜬 뒤 그분의 태도에 화를 냈다고 한다. 그 얘기를 듣는데 속 시원했다.

많은 일들 가운데 지금도 속이 상하는 사건은 교회에서 억울하리

만큼 잘못된 소문들이다. 그때 사람들에게 따지거나 항변하지 않고 2년 넘게 참고 버틴 사건이 있었다. 다단계라는 이유로 내가 한순간에 불법 다단계를 시작했고, 성도들의 카드를 긁어 가는 못된 다단계꾼이 된 것이다. 내 얘기 한번 제대로 귀 기울여 들어 주는 이 없었고, 말만 난무했다. 효과를 보고 소개하던 많은 성도가 탈퇴 의사를 밝혀 오면서 소위 말하는 조직이 무너질 정도였다. 성도들은 나를 외면했고, 친구도 외면했다. 내가 인생을 잘못 살았나! 싶을 정도로 자책도 했던 사건이었다. 그 일로 4일을 울었다. 울고 나니 배가 고팠고, 꿈으로 응답을 받았다. 감사하리만큼 신기한 꿈이었다. 그 후 남편과 나는 당당히 목사님을 찾아뵈었고, 말할 수 없는 마음의 상처를 받고 나왔다. 나는 그때 결심했다. 반드시 나의 선택이 옳았음을 증명하겠노라고.

 내가 아무리 정직하게 일한다 해도 사람들은 잘해도 '지랄' 못해도 '지랄'인, 어차피 욕먹을 다단계라면 제대로 해서 누구의 잣대로 사는 삶이 아닌 내 삶을 살겠노라고…. 울고 난 그날도 라면을 먹었다.

 나의 어린 시절과 같은 시대를 살았던 분들은 비슷한 가난의 삶이 있었을 것이다. 그 가난 때문에 살다가 절대로 하지 않을 것 같았던 네트워크라는 직업을 선택한 나는 경제적 안정을 이루기 위해 지금도 우여곡절을 성장통을 겪고 있다. 누군가에게 나의 경험이 나눔이 되어 위로와 희망이 되리라 생각한다.

  내가 선택한 직업이 절대 잘못된 직업이 아니라고 증명하며 행복하게 웃게 될 날을 생각한다. 그리고 나답게 나의 삶을 살아간다.

좋아서 하는 거잖아

류정희

"당신이 좋아서 다니는 거잖아."
"좋아서 하는 거잖아."
"잘 놀다 왔어?"

직장을 다닐 때 남편에게 참 많이 들었던 말이다. 회사에 다니는 것도, 워크숍을 가거나 교육을 받으러 다녀오는 것도 다 내가 좋아서 하는 것이라는 남편의 말은 왜 그렇게 서운했을까? 일의 특성상 늦은 귀가를 자주 할 수밖에 없는데, 결혼 전에는 아무것도 아니었던 그런 일이 결혼 후에는 부담이 되어 버렸다. 눈치 아닌 눈치를 여기저기 봐야 했던 그때, 무척 힘든 시기였다.

대학을 졸업하고 첫 직장을 <대교 눈높이> 학습지 회사에서 시작했다. 멋모르고 시작한 직장 생활은 어려운 연수 과정을 거쳤으면서도 '어떻게 하면 빨리 그만둘까'를 궁리하며 하루하루 겨우 버티는 신입 새내기의 날들이었다. 그래도 대학 졸업 후 내 힘으로 돈을 번다는 것은 참으로 기쁜 일이었다. 내 힘으로 무엇인가를 할 수 있다는 사실이 뿌듯했다. 첫 월급을 타자마자 3년 만기 적금을 넣었고, 그 덕분에 회사를 꾸준히 다닐 수 있었던 것 같다.

일 마감, 주 마감, 월 마감 등 마감이 아닌 날들이 없었던 직장 생활, 월 목표를 달성하기 위해 고군분투한 만큼 일은 즐겁고 보람 있었다. 가르치는 아이들이 성장할 때, 학부모님들이 믿고 따라 주실 때는 모든 난관이 눈 녹듯 녹아 버렸다. 팀원들과 함께 목표를 완성해 나갈 때는 성취감에 무척 기뻤다. 매일 밤 수고한 우리는 늦은 시간까지 있었던 일들을 나누며 하루의 노곤함을 떨쳐 버리곤 했다. 함께했기에 견디고 버틸 수 있는 시간이었다.

직장 생활 5년 차가 지날 즈음인 1999년 12월 4일, 평생을 함께할 사람과 결혼했다. 많은 사람을 만났지만, 이 사람은 두 번은 만나 보고 싶다는 마음이 들었고, 그렇게 우리의 인연은 시작되었다. 결혼하기 전에 모아 둔 5천만 원으로 결혼식도 하고, 집안 살림을 장만하고, 차도 샀다. 물론 일도 계속했다.

결혼 전에는 회사 생활에만 집중해도 간섭하는 사람이 없었다. 하지만 결혼 후에는 조절이 필요했다. 회사 일이 우선순위였던 결혼

전의 일상과는 달리 가정이 있는 사람으로서 생활 양식을 조절해야 했다. 그런 시간은 나를 단련하게 했다.

첫아이를 낳고 5개월쯤 뒤에 다시 출근했다. 아이를 봐 줄 시어머님이 계신 덕분이었다. 매일 늦은 퇴근을 하는 나 대신에 남편이 일찍 퇴근해서 아이를 봐 줄 수 있었고, 당시 아직 결혼하지 않은 시누이들과 시동생도 아이 돌봄에 큰 도움이 되었다. 아이들이 아플 때도 남편과 시댁 식구들이 병원을 데리고 다닐 수 있었던 여건은 지금 생각해도 여간 감사한 일이 아니다. 아이가 자주 다니던 단골 병원은 엄마 없는 아이라고 오해할 정도로 그렇게 나는 무척 바빴다.

덕분에 나는 열심히 회사에 다녔다. 성의를 다해 일한 만큼 인정도 받고, 직책도 올라갔다. 하지만 그럴수록 퇴근은 늦어졌다. 마음은 아이와 가정에 있으나, 몸은 잘 따라 주지 못하는 바쁜 일상이었다. 일과 가정의 균형을 맞추어야 한다는 압박감은 갈수록 심해졌다. 미안한 마음이 내 안에 가득한데, 남편의 뾰족한 말투는 나를 더 힘들게 하기도 했다. 화를 꾹꾹 눌러 담으며 침묵했다. 대응하다간 폭발할 것 같았다. 그 대신 출근길에 운전대를 잡고서 하염없이 눈물을 쏟아내곤 했다. 남편도 힘이 들어서 그런 것이리라 이해하면서도 가시 박힌 남편의 표현 방식은 참 힘들었다. 나름 지혜롭게 처신하기 위해 온몸에 힘을 들여야 했고, 그나마 내가 위로받는 것은 책이었다. 일, 가정, 육아라는 세 가지 책임은 예방 주사도 없었고 예행연습도 없는, 오롯이 닥치는 대로 경험해야 하는 통과 의례라는 현실을 뼈저리게 느낀 시간이었다.

그런 와중에 어김없이 나를 다시 일으켜 세워 주는 사람은 우리 엄마였다. 엄마는 무조건 내 편이셨다.

"우리 딸, 고생 많지?"
"우리 딸, 참 대단하지. 일하면서 살림하고 아이 키우기가 참 쉽지 않은데…."
"엄마가 다 알지. 고맙다, 우리 딸."
"우리 딸, 엄마가 뭐 해 주꼬?"
"엄마도 우리 딸 생각하면 더 열심히 살게 되는 것 같아."
"고맙다, 우리 딸."

엄마는 늘 고맙다고 했다. 남편이 하는 말 한마디에 미운 마음이 들어 가끔 고자질해도 엄마는 늘 남편을 두둔했다. 아이들을 잘 챙기는 사위의 모습이 엄마에게는 최고라는 생각이 들게 했던 모양이다. 그렇게 일과 가정, 육아 사이에서 고민하고 흔들리며 속상해할 때마다 엄마는 언제나 내 버팀목이 되어 주셨다.

아무것도 없이 시작한 결혼 생활이었지만 겁이 나지 않았던 이유는 '돈은 벌면 되지' 하는 자신감이 있었기 때문이었다. 그리고 든든한 친정 부모님이 계신 덕분이었다. 친정 동생들도 자신들의 몫을 잘 해내서 내가 신경 쓰지 않아도 되니 고마울 따름이었다. 결혼 초, 남편이 동생들 학자금 이야기할 때도 "돈은 필요한 곳에 쓰라고 있는 것이고, 그렇게 쓰려고 버는 것이다."라고 말했고, 솔직한 내 심정이었다. 5남매의 맏이인 남편, 4남매의 맏이인 내가 양가의 동생들을 공평하게 챙겨야 한다고 생각했다. 하지만 언제나 우선순위는 시댁부터 기울었고, 조금이라도 더 드리는 쪽은 시댁이었다. '우리 부모님은 여유가 있으시니까' 하며 시댁보다 덜어 낸 친정에 대한 내 손과 마음은 늘 미안함으로 남아 있다. 남편이라도 이런 마음을 알고나 있을까. 말하지 않아서 몰랐을 것이다.

가정과 일 그리고 육아. 삼박자를 잘 맞춰 보려고 참 아등바등 살았다. 나름 있는 힘껏 살았다고 자부한다. 일도 중요하지만, 가정을 좀 더 우선시해 주었으면 하는 남편의 바람에 부응해 주기 위해 내적 갈등도 참 많았던 시기였었지만, 최선을 다해 균형 있게 살고자 했기에 후회는 없다. "당신이 좋아서 하는 거잖아."라는 말을 들으며 다닌 회사는 둘째가 초등학교를 입학하고 첫째가 중학교를 입학하면서 마무리되었다. 대신 지금은 프리랜서의 길을 걷고 있다. 그래도 여전히 "당신이 좋아서 하는 일이잖아."라는 소리를 듣고 있다.

꾸준히 무언가에 끊임없이 도전하는 나는 도대체 어떤 사람일까? 내 안에 어떤 욕구를 해결하고 싶어서일까? 나도 내가 궁금하다.

상처 위에 핀 단단한 나

장은경

　어린 시절, 나는 늘 긴장 속에 살았다. 아버지는 술에 기대어 하루를 버텼고, 엄마는 무너지는 가정을 꿋꿋이 이끌었다. 아버지는 종종 술에 취해 동네 어귀에 쓰러져 있었다. 그럴 때면 엄마 손을 잡고 골목 어귀로 나가 술에 취해 쓰러진 아버지를 찾아야 했다. 엄마와 함께 덜컹거리는 수레에 아버지를 힘겹게 실어 방 안에 눕히고 나면, 어린 나는 온몸이 지쳐 있었다. 하지만 엄마는 힘들다는 말을 한 번도 하지 않았다. 엄마는 새벽이면 밭으로 나가고, 밤늦게까지 일하면서도 묵묵히 우리 가족을 돌보았다. 나는 그런 엄마를 보며 자연스럽게 일손을 보태야만 했다. 학교를 마치고 집에 돌아와도 마음 편히 쉴 수 없었다. 친구들처럼 숙제할 시간이 없었다. 가방을 내려놓고 곧장 밭으로 나가야 했다. 지친 엄마 곁을 따라 밭고랑을 맸다. 엄마는 새벽마다 채소를 이고 시장에 나가셨고, 밤늦게야 집에 돌아오셨다. 동생들이 잠든 시간에도 나는 엄마와 함께 장사를 준비하고 밭일을 했다. 엄마 혼자 감당하기엔 버거운 일들을 자연스레 함께했다.

그러던 어느 해, 아버지의 눈이 점점 보이지 않기 시작했다. 아버지는 결국 일도, 바깥출입도 하지 못한 채 자리에 누워 생활하게 되었다. 몸을 제대로 가누지 못하는 아버지를 친할머니께서 보살펴 주셨다. 하지만 그 돌봄은 엄마의 짐을 덜어 주지는 못했다. 가족의 생계를 책임지는 일, 병든 남편과 아이들, 시어머니까지 모든 짐을 엄마가 떠안아야 했다. 그 무게가 얼마나 버거웠을지, 나는 이제야 조금 알 것 같다. 아버지의 무너짐과 엄마의 버팀목이 내 삶의 첫 번째 교과서였다. 나는 어린 나이에 세상의 무게를 배웠다. 쉬고 싶어도, 울고 싶어도 마음을 다잡아야 했다. 그렇게 나는 책임을 배우고, 감정을 삼키며 자랐다.

그런데 중학생이 되었을 무렵, 엄마는 춤에 빠지기 시작했다. 밤마다 늦게 들어왔고, 술 냄새를 풍기며 야한 옷을 입고 새벽이슬을 맞으며 돌아왔다. 나는 엄마가 올 때까지 잠을 자지 않았다. 엄마가 아무도 모르게 화려한 옷과 구두를 숨기는 모습을 보면서, 어린 나는 '책임감 없는 어른'이라고 생각했다.

그 무렵, 수도세가 밀려서 집에 수돗물이 끊겼다. 나는 아침에 학교를 가기 위해 옆집 아줌마를 찾아갔다.

"아줌마, 죄송해요. 집에 물이 안 나와요. 학교 가야 하는데, 얼굴 씻을 물 좀 주세요."

아주머니는 물을 주면서 말했다.

"너희 엄마 밤마다 나갔다가 새벽에 택시 타고 오더라. 엄마가 수돗물 안 나오는 거 알고는 있니?"

나는 고맙다는 말조차 못 한 채 물을 담았다. 물이 차오를수록 부끄러움은 커져 마음을 무겁게 눌렀다. 물을 들고 집으로 오면서 내가 세상에서 제일 초라한 아이처럼 느껴졌다. 엄마가 있어도 없는 아이 같았다.

지금 엄마는 치매로 병원에 계신다. 아이러니하게도, 치매로 기억이 흐릿하지만 요양원에서 뽕짝 음악이 나오면 몸이 자연스레 몸을 흔들며 춤을 추신다. '역시 몸으로 익힌 건 잊지 않는구나.'라고 생각했다. 30년이 지났는데 여전히 꼬이지 않은 엄마의 춤 실력을 보며, 다시 한번 어린 시절을 떠올린다.

어린 시절, 나는 엄마의 말과 행동에 영향을 많이 받았고, 엄마를 닮을까 두려워하며 자랐다. 고생하지 않고 편안하게 돈 많은 남자와 결혼하는 탈출의 꿈을 꾸었다. 그래서 내 아이들만큼은 풍요롭게 다 해 주고 싶은 욕구가 생겼다.

어릴 때, '엄마처럼 살지 말아야지.' 하고 다짐했건만, 지금의 나는 남편과 결혼 후 운명의 장난처럼 엄마와 비슷한 삶을 살아가고 있었다. 결혼할 때 돈이 없어 시댁살이를 시작했다. 믿고 의지하려 했던 남편은 술에 의지했다. 술값으로 월급이 사라졌고, 나는 한 푼도 손에 쥘 수 없었다. 술에 취한 밤이면 고성이 오가고, 물건이 부서지며 싸움이 벌어졌다. 술 마신 다음 날 출근도 거르기 일쑤였다.

경제적으로, 정신적으로 마음 둘 곳 없는 결혼 생활은 고립된 섬 같았다. 시댁에서는 막내며느리인 내가 제사며 집안 행사 등 모든 뒷일을 도맡아서 했다. 시댁 식구들은 그런 사실을 당연하게 여겼다. 결혼 전, 남편은 내게 조심스럽게 털어놓은 적이 있다.

"우리 형이 결혼하고 나서 집안에 싸움이 끊이지 않아. 우리 집 식구들 전부 형수를 싫어해. 근데 너는 착하잖아, 말도 잘 듣고."

나는 '그래, 내가 조금만 더 참고 잘하면 이 집안 분위기를 바꿀 수 있지 않을까?'라고 순진하게 믿었다. 눈에는 콩깍지가 씌었고, 귀에는 듣고 싶은 말만 들렸다. 마음에는 사랑이라는 이름의 헛된 희망이 자리를 잡았다. 지금 돌아보면 그건 사랑이 아닌 운명의 계약서에 무심코 도장을 찍은 꼴이었다. 하지만 그 착각 덕분에 나는 두 아이의 엄마가 되었고, 세상의 누구보다 단단해질 수 있었다. 어쩌면 그런 어이없는 시작이 가장 값진 삶의 이유가 되기도 했다.

나는 아이들을 키우며 끊임없이 돈을 벌어야 했다. 자동차 로고 스티커 붙이기, 선물 포장, 교복 만들기, 세탁소 배달, 유치원 보조 일까지. 어떻게든 둥지를 지키기 위해 발버둥 쳤지만, 남편은 여전히 무심했다. 결국 큰 싸움이 벌어졌고, 아이는 그걸 지켜보다가 겁에 질려 바지에 오줌을 쌌다.

"엄마, 아빠한테 져 줘. 엄마가 참아 줘…. 너무 무서워."

그 말이 내 가슴을 찔렀다. 나는 분노를 꾹 참고 살았다. 하지만 참는다고 해결되는 건 아니었다. 어느 날 다이소에서 권투 글러브를 샀다. '맞아도 안 아프겠지. 스트레스 해소용으로 딱이야.'라고 생각했다.

남편이 또 술에 취해 들어온 날, 나는 그 글러브를 꺼냈다. 술 마시고 휘청거리는 남편에게 얼굴이고 머리고 가리지 않고 글러브를 휘둘렀다.

다음 날, 남편은 말했다.

"내가 어제 술 마시고 넘어졌나? 온몸이 쑤시네!"

나는 속으로 웃었다. 나만의 소심한 복수였다. 그 글러브 덕분에 나는 속병 없이 살아남을 수 있었는지도 모른다. 분출하지 않으면 병이 된다. 그때 나는 배웠다.

삶은 때로 버티는 것만으로도 충분히 위대하다고 생각한다. 상처는 숨기려 할수록 곪고, 드러낼수록 치유된다. 나는 상처를 말하며 자신을 단단히 다져 온 사람이다. 그리고 이제는 말할 수 있다. 그 누구보다 잘 견뎌 냈다고, 내 삶을 스스로 칭찬해 준다.

"잘 버텨 냈어, 장은경."

가족도 성장합니다
하주언

저는 이혼한 가정의 장녀입니다. 당당하게 말하고 싶습니다. 속이 후련합니다. 부모님의 이혼은 두 분의 선택이었지 나의 잘못은 아닙니다. 그러나 이혼한 장녀의 결혼은 쉽지 않았습니다. 정상적인 가정의 며느리를 원하실 테니까요. 누구나 자식을 가진 부모라면 그럴 수 있다고 충분히 이해합니다. 이해하면서도 가끔은 여러 가지 감정이 올라옵니다. 반대 속에서 결혼했고, 그래서 감당해야 하는 부분들이 많았습니다. 경제적인 부분과 생활면에서 어려웠습니다. 남편만 믿고 결혼하기엔 제 자신이 아직 준비되지 않은 사람이었습니다.

결혼이 가져다준 것들에는 많은 변화가 있었습니다. 출산, 경력단절, 감정의 억누름, 포기, 소통의 부재, 억울함, 답답함 부정적인 감정들이 먼저 떠오릅니다. 책임감이라는 무게는 더 커졌고, 노력해도 상황은 달라지지 않았습니다. 그럴 때마다 내 문제라고 자책하며, 방법을 찾으려고 애썼습니다. 미친 사람처럼 머리를 질끈 묶고, 소매를 걷어 올리며 온종일 청소를 하고 요리를 하고, 책을 읽고 운동하며, 새벽 4시부터 일어나 계획을 세우고, 실천하는 일상이 힘들었습니다. 엄마로서, 아내로서 리스트를 정하고 해내야 했습니다. 내가 선택해서 한 일이었습니다.

현모양처가 되겠다고 다짐하고 결혼했는데 가정에서의 점수는 0점이었습니다. 이럴 수가 있을까요? 사실 30년을 엄마가 해 주시는 밥을 먹고 일만 했지 할 수 있는 게 아무것도 없었습니다. 예전의 나를 찾고 싶었습니다. 결혼했으니 가정에 충실해야지 하며 이러지도 저러지도 못했습니다. 집안일에만 몰두하며 자꾸만 작아지는 제 모습이 점점 싫어지기 시작했습니다. 다시 사회로 나가 일하고 싶다는 마음이 간절해졌습니다. 하지만 전공과는 다른, 새로운 길을 선택할 수밖에 없었습니다. 일하면서 깨달은 것은, 나는 현모양처감은 아니었습니다. 여자라고 다 집안일을 잘하라는 원칙은 없습니다. 여자니까 집안일을 잘해야 한다는 생각도 버려야 했습니다.

그렇게 선택한 제2의 직업이 〈한화생명〉에 입사하는 것이었습니다. 나는 보험 설계사가 되었고, 일에 몰두하기 시작했습니다. 첫해는 우당탕탕 하주언이었습니다. 내가 선택한 것이니 열심히 잘하고 싶었지만, 방법을 몰랐습니다. 일하면서 남편과는 대화가 줄었고 고객과의 소통에만 집중했습니다. 아이들에게도 예전보다는 엄마의 손길이 필요할 때 함께해 주지 못하는 시기도 있었습니다. 반면, 나는 조금씩 살아나고 있었습니다. 혼자 책 읽고, 공부하면서 나를 다시 찾아가는 중이었습니다. 결혼이라는 제도는 나에게 위로와 행복을 가져다주지 못했습니다. 너무 많은 것을 바라는 나의 심리적 압박이 가정에 집중하면 할수록 더 문제가 되었습니다. 심리치료까지 받아야 했습니다. 남편은 내가 문제니 당신이 먼저 치료를 받으라고 말했습니다. 혼자 받아 뭐 하나. 받지 않았습니다. 대신 일에 매진하고 나다움을 찾아갔습니다. 공부하면서 좋은 것은 가족에게 먼저 이야기하고 싶었습니다. 나는 나를 알지만, 가족은 예전의 내 모습인 주부로서의 하주언만 보았습니다. 가족이 도움을 주기도 하지만, 가깝기에 가장 아프게도 하는 존재이기도 했습니다.

보험 일을 선택한 저에게 던져진 '왜 하필 그 일을 하느냐'는 말들이 마음에 상처로 남았습니다. 그럴수록 더 공부해야 했습니다. 가족이라고 다 보험에 가입할 이유는 없었습니다. 문제는 내가 제대로 서 있어야만 했습니다. 1년도 못 버티고 그만두고 싶지는 않았습니다. 그러면 예전에 방황하는 나로 돌아가는 것 같았습니다.

남편은 고객들에게 하는 만큼만 나한테도 좀 잘하라고 말했습니다. 일에 집중하는 내가 못마땅한 듯 보였습니다. 둘 사이는 더 멀어지고, 나를 인정하지 않는 남편이 불편한 존재가 되었습니다. 그럴수록 더 공부하고, 나를 성장시켜 나갔습니다. 내가 원하는 모습이 되기 위해서 가장 먼저 제대로 성취하고 싶었습니다. 그다음 행복한 가정도 있다고 생각했습니다. 참 이기적인 관점이지만, 지나 보니 저에게는 맞는 답이었습니다.

만약 내가 나이 들어서 돈이 없고, 가난하다면? 만약 내가 아프다면 아이들이 나를 돌볼 수 있을까요. 최소한 내가 나를 돌볼 수 있는 그런 위치의 나를 만들겠다고 다짐했습니다. 일에 진짜로 미쳐야 했습니다. 환영받지 못한 나와 일, 내가 나라도 돌봐 주고 아껴 줘야 했습니다. 다양한 사람들과 상담하면서 그분들의 삶 속에서 나의 일과 삶을 발견하기 시작했습니다. 남편과의 관계는 풀어야 할 숙제였습니다. 고민한 결론은 거리두기였습니다. 참 이기적인 생각만 했습니다. 필요한 때만 말한다. 부딪힐 상황이 생기면 피한다. 아이들이 클 때까지는 '절대 이혼을 하지 않는다.' 등의 자기 암시를 하면서 생활했었습니다. 어쩌면 이렇게 이기적인 방법들만 가득했을까요?

성장하지 못한 시기였습니다. 그러다 남편의 근무지 이동으로 떨어져 지내는 시간이 생겼습니다. 그 시간이 저는 사실 좋았습니다. 1년이 넘고 2년이 되는 각자의 시간이 우리 가정의 전환점이 되었습니다. 그 시간이 더 길어지려던 찰나 남편과의 저녁식사 중 술 한잔 한 남편은 울면서 왜 자기를 이해해 주지 않냐고 이야기했습니다. 같이 있으면 좋겠다고 이야기하는 남편에게 저는 남편이 무서워서 못 살겠다고 답하였습니다. 지나치게 솔직했습니다. 말 한마디로 사이는 더 멀어지고, 서로가 생각할 시간이 길어졌습니다. 시간이 흐르고 서로가 각자의 자리에서 성장한 후 부부의 대화가 달라졌습니다. 나이가 들면서 주변의 살아가는 경험과 모습으로 알게 되는 일들이 있었습니다. 우리는 서로 객관적인 입장의 대화를 시작했습니다. 다행히 감정이 아닌 사실로 대화가 이어지고, 서로를 알아 가게 되었습니다. 그리고 노력하려면 부딪쳐야 한다는 생각이 들었습니다.

　남편이 이동한 용인으로 이사를 결정했습니다. 지점이동은 쉽지 않았고, 남편은 나랑 있는 것이 싫냐고 물었습니다. 회사에서 이동을 시켜 주지 않았습니다. 이유가 있었습니다. 그 사실을 알고 남편이 회사를 방문했고, 용인으로 이동을 하게 되었습니다. 용인으로 옮기고 나서 남편과 떨어져 지낸 시간이 어색함으로 자리 잡았습니다. 이런 상황을 이겨 내야 했고, 성장해야 했습니다. 아이들에게 불안을 주고 싶지 않았고, 편안하고 안정된 가정에서 성장하기를 바랐습니다.

　아이들과 아빠가 함께하는 일정을 만들었습니다. 부부가 함께 노력해야 했습니다. 아빠와 놀이터에 나가기, 아빠와 함께 잠자기, 아빠와 목욕하기, 아빠와 자전거 타기 등. 처음에는 아이들이 불편해했습니다. 엄마가 함께 있어야만 가능했습니다. 시간이 필요했습니다. 이런 과정에서 가정이 하나가 되어 가고 있었습니다. 이사 오기 전, 직장과 아이들에게만 집중하던 나! 용인으로 와서 남편의 자리를 만들어 주고, 아이들 돌봄과 집안일의 분담, 함께하기 시작했습니다. 혼자 하던 일을 둘이 하니 힘들지 않고 피곤이 덜했습니다. 남편 때문에 힘들었지만, 서로 가정을 지키려는 노력으로 모두의 일상이 나아지고 있었습니다.

　남편이 웃게 되었습니다. 하주언 설계사의 머릿속에는 고객과 보험 관련된 일 말고는 없는 것 같다고 말했습니다. 보험 관련 이야기도 밥상머리에서 자주 하는 부부가 되었습니다. 맞장구도 쳐 주고 내 이야기도 끝까지 들어 주기도 하는 사이가 되었습니다. 우리 부부가 달라졌습니다.

　가정은 평범하게 돌아오고, 나는 전문가로서 고액의 보험금도 받아 주는 설계사로 성장했습니다. 내 문제로만 생각했던 것들, 다름을 인정하면서 편안해졌습니다. 돌아보면 아픈 시간이었습니다.

큰아이가 말합니다.

"엄마! 엄마는 왜 공부가 재미있는 거야?"

아들이 묻습니다.

"공부하면 모르는 것을 알게 되고, 알게 되면 그것으로 누군가에게 도움을 주는 과정이 엄마는 좋아! 사실 공부를 통해서 엄마가 성장하게 되는 게 좋아! 엄마가 공부하는 이유야."

공부를 좋아하지는 않습니다. 아들이 공부를 좋아하는 엄마로 봐주어 다행입니다.

둘째 아이와 나눈 대화입니다. 엄마가 크는 만큼 아이도 크는 것을 보았습니다. 형과의 놀이 중 장난감 조립이 안 되는 상황이었습니다. "형아! 엄마가 방법을 찾으라고 했잖아."라고 말하는 쥰이를 보았습니다. 평소에 자주 하는 말이었습니다. 인생에는 정답이 없습니다. 나에게 맞는 답을 찾아가는 과정이라고 생각했습니다. 아이들도 그렇게 성장하기를 기도했습니다. 고민하고, 괴로워하기보다 힘든 상황과 어려운 상황 속에서 방법을 찾는 태도를 보이기를 진심으로 바랐습니다. 엄마가 처음인 좌충우돌 엄마가 성장하는 만큼 아이도 성장하고 있었습니다.

누구나 선택한 길을 가기 전에는 결과를 알 수 없습니다. 내가 만난 길에서 어려움을 극복하는 힘은 내 안에 있었습니다. 한 사람으로, 아내로, 며느리로, 엄마로, 딸로, 누나로 살아가야 한다는 부담을 내려놓았습니다. 자신 스스로 인정하면서 매일 오늘보다는 하나씩 배우고, 경험하면서 성장하기를 바라는 마음으로 응원을 보내고 싶습니다. 수고했다고 말해 주고 싶습니다.

어린 시절,
놀이가 되어 준 삶의 기억들

이선희

구슬치기

친구들과 어울려 놀던 시간이 그립습니다. 그 시절, 우리를 하나로 묶어 준 놀이는 바로 구슬치기였습니다. 오랜만에 마음속 깊이 묻어 두었던 추억을 꺼내 봅니다. 마치 오래된 스냅사진 속에 숨어 있는 이야기들처럼요.

"선희야, 구슬치기하자!"

친구들의 부름에 주머니 가득 구슬을 넣고 밖으로 나갑니다. 삼삼오오 모여 구슬치기가 시작되면, 영애가 가장 빛이 납니다. 영애는 구슬치기를 제일 잘하는 아이였지요. 그 아이와 게임을 하면 대부분 친구는 구슬을 잃곤 했습니다. 저도 그날 구슬을 모두 빼앗겼습니다. 당분간 구슬치기는 어렵겠지요. 다시 사 달라고 조를 수는 없으니까요. 어떻게 하면 영애의 구슬을 딸 수 있을까? 어린 마음은 온통 그 생각뿐입니다.

공기놀이

억울한 마음에 공기놀이로 설욕전을 펼칩니다. 공기놀이는 제가 가장 자신 있는 놀이입니다. 숙희는 소꿉놀이, 영애는 구슬치기 그리고 저는 공기놀이의 고수였죠. 치마에 돌멩이를 담아 아이들 앞에 털어놓습니다. 각자 돌을 한 무더기씩 나눠 갖고, 이기면 상대 돌을 가져오는 단순한 규칙. 어느새 내 앞에 돌이 수북이 쌓입니다.

저는 왼손잡이지만 양손을 다 쓸 수 있어서 공기놀이에 유리했습니다. 친구들은 그게 늘 부럽다고 말하곤 했지요.

어느 날, 유한이가 3,000원짜리 플라스틱 공깃돌을 가져왔습니다. 너무 커서 어린 손에 쥐기 불편했습니다. 속으로 생각했습니다. '이 공깃돌, 실제 공기놀이 안 해 본 사람이 만들었구나.' 직접 경험해 보지 않으면 진짜를 만들 수 없습니다. 어른의 눈이 아닌, 아이의 눈으로 놀이를 바라보는 시선이 필요합니다.

우리 시절엔 공깃돌을 굳이 사지 않아도 됐습니다. 밖에 나가면 얼마든지 주울 수 있었던, 그런 시절이었으니까요.

엄마의 손, 딸의 자리

해가 저무는 줄도 모르고 놀다 보면 어느새 엄마가 쫓아옵니다.

동생은 안 보고 놀기만 한다고, 머리를 확 잡아채며 끌고 가는 우리 엄마. 맏딸이라 저부터 혼이 납니다. 저만 다스리면 동생들은 저절로 얌전해지니까요. 억지로 집에 끌려가며 울며불며 소리칩니다.

"나는 이 집 딸 아니야! 다리 밑에서 주워 온 거야!"

그러면서도 집에선 투덜거리며 청소하고, 가게도 보고, 엄마 일을 돕습니다. 어린 나이라 집안일이 싫고, 입은 자꾸만 나옵니다. 그래도 그렇게 몇 대 맞는 건 그때뿐이었지요. 왜냐고요? 맞는 것보다 놀고 싶은 마음이 더 컸으니까요. 그 시절, 왜 그리 놀고 싶었는지는 모릅니다. 하지만 지금은 압니다. 그 시간이 있었기에 오늘의 웃음 짓는 추억이 있다는 걸요.

만화방의 추억

다음 날엔 막냇동생을 업고 만화방에 갑니다. 그때는 한 번 돈을 내면 온종일 볼 수 있었지요. 등에 업은 동생이 울면 살짝 꼬집기도 하며 만화에 몰입했습니다. 집에 돌아오면 헝겊 기저귀가 흠뻑 젖어 있곤 했습니다. 그래도 동생 업고 만화 읽는 시간이 가장 행복했습니다.

어느 날은 만화를 빌려 왔는데, 집안일을 돕지 않았다고 엄마가 동네 개천에 책을 던졌습니다. 울며불며 건져 와서 말리고, 물어 준

적도 여러 번 있었지요. 그 시절엔 책도 귀했습니다. 그래서 만화책은 저에게 낙이자 희망이었습니다.

수업 땡땡이와 대장 누나

어느 날은 학교 가다가 땡땡이를 쳤습니다. 동생에게 "학교 가지 말고 가방 숨기자. 과자 사 줄게." 하고 꼬드겼지요. 착한 동생은 누나 말이라면 무조건 따릅니다. 학교에서 친구들에게 맞기라도 하면 저를 찾아옵니다. 제가 빗자루 들고 뛰어가면, 억척 누나 온다고 친구들이 도망쳤습니다. 그런 제가 자연스레 대장이 되었지요.

우리는 가방을 개천 옆 모래더미에 묻고, 가게 돈통에서 몰래 꺼낸 만 원짜리로 쫄쫄이도 사고 하드도 사 먹었습니다. 그러나 눈치 빠른 가게 주인아주머니가 엄마에게 일렀습니다. 결국, 집에 가서 학교도 안 가고 동생과 함께 가게 돈까지 슬쩍했다고 혼쭐이 났습니다. 예배당 종 치듯 맞았지요. 눈치 빠른 남동생은 도망쳤고, 저는 그날 밤 눈탱이 밤탱이가 됐습니다. 그렇게 맞고도 다음 날 또 놀 생각을 하던 시절이었습니다. 추억이 빛이 되는 순간이었지요.

얼마 전, 중국에서 부모에게 맞은 아이가 부모를 경찰에 신고했다는 기사를 보았습니다. 이제는 시대가 많이 바뀌었습니다. 사랑의

매라도 고소당하는 세상이니까요. 우리 땐 정말 많이 맞고 자랐습니다.

"나는 다리 밑에서 주워 온 딸이야!"라며 울던 어린 시절이 있었지만, 사실 그 매 맞는 속엔 질서가 있었습니다. 큰딸은 항상 많이 맞고, 더 많은 책임을 지며 자랐습니다. 그 모든 것이 지금의 나를 만든 거겠지요.

이제는 다시 돌아갈 수 없는 그 시절. 그러나 언제든 마음속 페이지를 펼치면 다시 꺼내 볼 수 있습니다. 그 시절 놀이는 지금의 삶을 지탱해 주는 반짝이는 블록처럼 어려움을 뛰어넘게 해 주고, 활기를 북돋워 주는 숨결이 되어 주니까요. 놀이를 충분히 하고 자란 친구들에게는 자양분이었습니다. 그때의 추억의 서랍이 있어서, 삶이 힘들고 지칠 때 그 시절의 기억을 소환합니다. 가뭄에 한 움큼 쏟아지는 소나기 같은 정서는 어린 시절 그리움으로 꺼내 봅니다.

가난이 준 선물

권광택

충청북도 청주시 흥덕구 옥산면 환희리(하누재)는 내가 태어나고 유년 시절을 보낸 고향입니다. 스무 가구가 옹기종기 모여 사는 안동권씨 집성촌으로, 대부분 주민이 친인척 관계입니다. 이 작은 마을은 농토가 적어 대부분이 빈농이었지만, 농번기에는 품앗이로 서로 돕는 따뜻한 정이 흐르는 공동체였습니다. 우리 가족은 남의 땅을 빌려 농사짓는 소작농이었기에 경제적 여유라고는 찾아볼 수 없었습니다. 봄이면 어머니는 누구보다 먼저 뒷동산에 올라가 산나물을 뜯어 한줌의 쌀과 함께 죽을 쑤었고, 온 식구가 둘러앉아 허기진 배를 달래며 이 소박한 음식을 맛있게 나눠 먹었습니다. 춘궁기, 수확하기 전 봄철의 식량 부족은 우리 가족에게 큰 시련이었습니다.

"엄마! 밥 줘! 밥 줘!"

점심을 거른 나의 간절한 외침에 어머니는 회초리를 들고 쫓아오곤 했습니다. 나는 재빠르게 피했다가 다시 돌아와 밥을 달라고 졸랐고, 이런 과정이 반복되었습니다. 자식에게 끼니를 제대로 차려 주지 못하고 오히려 눈물을 훔치며 회초리를 들어야 하는 어머니의 마음은 얼마나 아팠을까요. 하얀 쌀밥 한 그릇을 배불리, 원 없이 먹고 싶다는 생각을 수없이 했던 그 시절, 하지만 후에 깨달았듯이 가난은 결코 나의 운명이 아니었습니다. 그것은 단지 내 인생에서 지나가는 한 과정일 뿐이었습니다.

어린 나이에 나는 부모님을 따라 다양한 농사일을 도왔습니다. 콩밭을 매고 '소 깔'을 베고, 땔감을 위해 산에서 나무를 했습니다. 집안일도 예외는 아니었습니다. 물 길어 오기, 설거지, 때로는 밥 짓는 일까지 거들며 빈농의 아들로서 농촌 환경에 자연스럽게 길들여졌습니다. 한여름 뜨거운 태양 아래에서 밭을 매면 땀방울이 비 오듯 쏟아졌고, 오랜 시간 허리를 굽혀 앉아서 일하다 보면 허리가 아프고 오금이 저려 참지 못하고 벌러덩 땅바닥에 앉아 버립니다. 어린 손으로 다루기에 서툴고 위험한 낫과 연장 때문에 삼십여 군데의 크고 작은 흉터가 왼손에 남게 되었습니다. 이 흉터들은 단순한 상처의 자국이 아닙니다. 그것은 내가 겪었던 어려운 시간의 증명서이자, 어떤 어려움도 이겨 낼 수 있도록 만들어 준 소중한 인생의 훈장입니다. 나는 제 손에 남은 흉터, 과거의 고통스러운 기억들을 부끄러워하지 않습니다. 오히려 자랑스럽게 여깁니다. 왜냐하면 이 경험을 통해 땀과 노동의 가치를 알게 되었고, 삶에 무릎 꿇지 않겠다는 중요한 교훈을 배웠기 때문입니다. 가난과 시련은 인생에서 누구도 원하지 않는 손님입니다. 하지만 그 손님이 떠나고 나면 때로는 값진 선물을 남기곤 합니다. 나에게 그 선물은 두 가지였습니다. 첫째, 어떤 어려움도 견딜 수 있는 인내심. 둘째, 무슨 일이든 도전할 수 있다는 도전 정신입니다. 오직 시련이라는 엄격한 스승만이 줄 수 있는 귀중한 삶의 자산입니다. 누구라도 지금 가난과 싸우고 있다면, 일편단심으로 주장하고 싶습니다. 기억하십시오. 단순히 고통받는 것이 아니라, 인내와 도전 정신이라는 무기를 벼리는 것입니다.

초등학교를 졸업한 후, 가정 형편상 중학교 진학의 꿈을 접어야 했습니다. 아픈 마음을 삭였습니다. 그렇게 몇 년의 시간이 흘렀고, 아버지는 호구지책으로 배운 페인트 도장 기술을 이용해 조그마한 페인트 및 유리 가게를 마련했습니다. 아버지께서는 특별한 보수 없이도 일할 수 있는 조수로 자식을 채용하셨고, 나는 열심히 아버지를 도왔습니다. 그러나 시간이 지나면서 이 일이 내 장래를 보장해 줄 수 없다는 사실을 깨달았습니다. 기술력의 한계와 작은 규모로 인해 경제적으로 한계가 있었기 때문입니다. 고민 끝에 나는 중요한 결심을 하게 되었습니다. 아버지를 도와드리며 미래의 수익성이 높다고 생각한 광고업을 위해 새로운 기술을 배우기로 한 것입니다. 모든 것을 독학으로 시작해야 했습니다. 함석판에 페인트로 글씨 연습을 수없이 반복했지만, 처음에는 별다른 가능성이 보이지 않았습니다. 그러나 포기하지 않고 전문가들이 일하는 장소를 찾아다니며 그들의 기술을 어깨너머로 관찰하고 배웠습니다. 수없이 실패를 거듭했지만, 끈기 있게 도전했습니다. 이것이 내가 할 수 있는 단 하나의 방법이라고 생각했기 때문입니다. 오직, 글씨를 읽고 쓸 줄 안다는 것, 페인트를 다룰 수 있다는 것, 이것이 내가 가진 유일한 무기였습니다. 이 과정에서 깨달은 중요한 진리가 있습니다. 세상의 모든 사람이 나의 스승이 될 수 있다는 것입니다. 눈과 마음을 열고 배움을 향해 나아간다면 어떤 지식과 기술도 결국 내 것이 될 수 있다는 확신이 생겼습니다.

나는 큰 결심을 하게 됩니다. 200만 원이라는 거금의 사채를 얻어 광고업을 시작하기로 한 것입니다. 이 돈은 청주산업단지가 있는 공단 입구에 〈미광사〉라는 작은 광고업의 가게 보증금으로 사용되었습니다. 이것은 내 인생의 첫 단계 목표가 이루어진 순간이었습니다. 그리고 그 순간부터 나는 한 걸음, 또 한 걸음 꾸준히 나아갔습니다. 10년 동안 나는 새벽부터 자정까지 하루도 쉬지 않고 일했습니다. 때로는 밤을 새우기도 했습니다. 자신의 꿈이 아무리 크더라도 오늘 한 걸음을 내딛지 않는다면 결코 천 리 길에 도달할 수 없기 때문입니다.

끊임없는 노력 끝에 마침내 종잣돈을 마련할 수 있었고, 새로운 사업을 구상하게 되었습니다. 산림이 우거지고 댐이 건설되면서 하천에서 얻는 골재가 점차 고갈될 것이라는 판단으로 착안했습니다. 이러한 분석을 바탕으로 〈환희 개발〉이라는 회사를 설립했습니다. '골이 재가 되어야 할 수 있다'라는 말처럼, 단단한 바위를 부숴 유용한 골재로 만드는 이 사업은 절대 쉽지 않았습니다. 사업 초기에는 경험 부족으로 인한 인사 사고와 턱없이 부족한 자금 등으로 많은 위기를 겪었습니다. 그러나 고난의 고비마다 평소 인연을 맺었던 지인들의 물심양면 도움으로 위기를 극복하고 성장의 토대를 마련할 수 있었습니다. 이후 회사는 꾸준히 성장했고, 아스콘회사, 레미콘회사를 연차적으로 설립하며 사업 영역을 확장했습니다. 결국 100여 명의 직원을 둔 기업가로 성장하게 되었습니다. 사업적 성공을 이룬 후에는 그동안 도움받은 지역 사회와 이웃을 위해 봉사활동에도 적극적으로 참여했습니다. 세계 최대 봉사단체인 〈국제라이온스협회 356-D〉 지구의 총재를 역임했고, 충북 최대 봉사 조직 기반을 갖춘 새마을회의 회장직도 맡았습니다. 2006년 5월 31일 지방선거에서는 도의회의원에 당선되어 산업경제 위원회에서 의정 활동을 펼쳤습니다. 이러한 경험과 활동들이 모여 내 인생의 브랜드가 되었습니다.

  일본의 경영자 마쓰시타 고노스케의 사례도 큰 영감을 줍니다. 〈파나소닉〉을 창업하여 경영의 신으로 불리는 그도 자신이 받은 세

가지 '은혜'에 대해 이야기했습니다. 첫째, 집이 몹시 가난했다는 것. 둘째, 태어났을 때부터 몸이 약했다는 것. 셋째, 초등학교도 제대로 다니지 못했다는 것입니다. 대부분 사람이 불행으로 여길 이 세 가지 조건을, 그는 오히려 은혜로 바꾸었습니다. 가난했기에 어릴 적부터 구두닦이, 신문팔이, 자전거포 등에서 일하며 세상 경험을 쌓을 수 있었고, 몸이 약했기에 건강 관리에 더 신경 써서 장수할 수 있었으며, 정규 교육을 받지 못했기에 모든 사람을 스승으로 삼아 열심히 배웠다는 것입니다.

결국, 모든 것은 마음먹기에 달려 있습니다. 자신의 결심과 의지가 미래를 결정한다는 것. 환경이나 조건이 아닌, 그것을 바라보는 시각과 그에 대응하는 행동이 진정한 차이를 만들어 낸다는 것. 어려운 환경은 오히려 마음의 근력을 쌓아 평생의 자산이 됩니다. 어떤 상황에서도 희망을 잃지 않고 앞으로 나아갈 수 있는 원동력이 되지요. 이것이 내가 가난하고 어려운 환경에서 배운 가장 소중한 교훈입니다. 산업경제 위원회에서 의정 활동을 펼쳤습니다. 이러한 경험과 활동들이 모여 내 인생의 브랜드가 되었습니다.

일본의 경영자 마쓰시타 고노스케의 사례도 큰 영감을 줍니다. 〈파나소닉〉을 창업하여 경영의 신으로 불리는 그도 자신이 받은 세 가지 '은혜'에 대해 이야기했습니다. 첫째, 집이 몹시 가난했다는 것. 둘째, 태어났을 때부터 몸이 약했다는 것. 셋째, 초등학교도 제대로 다니지 못했다는 것입니다. 대부분 사람이 불행으로 여길 이 세 가지 조건을, 그는 오히려 은혜로 바꾸었습니다. 가난했기에 어릴 적부터 구두닦이, 신문팔이, 자전거포 등에서 일하며 세상 경험을 쌓을 수 있었고, 몸이 약했기에 건강 관리에 더 신경 써서 장수할 수 있었으며, 정규 교육을 받지 못했기에 모든 사람을 스승으로 삼아 열심히 배웠다는 것입니다.

결국, 모든 것은 마음먹기에 달려 있습니다. 자신의 결심과 의지가 미래를 결정한다는 것. 환경이나 조건이 아닌, 그것을 바라보는 시각과 그에 대응하는 행동이 진정한 차이를 만들어 낸다는 것. 어려운 환경은 오히려 마음의 근력을 쌓아 평생의 자산이 됩니다. 어떤 상황에서도 희망을 잃지 않고 앞으로 나아갈 수 있는 원동력이 되지요. 이것이 내가 가난하고 어려운 환경에서 배운 가장 소중한 교훈입니다.

2장

지금 배움의
꽃이 피기 시작합니다

동화구연대회에서
꼴찌를 하다

정영미

나는 아이들의 독서 전도사였다. 책 배달하는 일은 아이들에게 지식과 지혜를 쌓게 해 주는 의미 있는 일이었다. 일주일에 한 번씩 책을 배달하며 고객들과 친분을 쌓아 갔다. 고객과 대화 속에서 독서에 대한 깊이 있는 지식이 부족하다는 사실을 깨달았다. 단순히 책 배달하는 것이 아니라, 그 가치를 제대로 전달해야겠다는 생각이 들었다. 그래서 독서지도사 공부를 결심하게 되었다.

요즘은 주변에 평생교육기관이 많다. 마음만 먹으면 온라인으로도 강좌를 쉽게 수강할 수 있다. 25년 전에는 평생교육기관이 흔하지 않았다. 책 배달하던 중, 청주지역사회교육협의회 앞을 지나가게 되었다. 호기심에 무작정 들어가 보았다. 협의회에는 독서지도사 과정이 있었지만, 개강 일정이 없었다. 대신 동화구연 과정이 개강할 예정이라며 수강을 권유받았다. 아이들에게 재미있게 책 읽어 주는 것도 좋겠다는 생각에 동화구연을 수강했다. 그러나 다양한 목소리를 표현하는 것은 어려웠다.

강사는 농담처럼 말했다.

"정영미 선생님, 동화구연 강사 절대 하지 마세요."

나는 속으로 생각했다. '그래, 난 동화구연 강사가 되려는 게 아니야. 우리 아이들에게 책을 재미있게 읽어 주면 돼.' 그렇게 나는 꼴찌로 수료했다.

함께 수강하던 열정적인 민유선 선생님이 동화구연대회 참가를 제안했다. 충청북도중앙도서관에서 열린 대회에 참가했다. 결과는 8명 중 8등이었다. 동화를 가장 완벽하게 외웠다. 그러나 성적은 가장 낮았다. 처음에는 이해할 수 없었다. 동화를 제대로 외우지 못한 사람이 나보다 좋은 성적 받은 것이 의아했다. 하지만 시간이 지나며 깨달았다. 동화구연은 단순히 외우는 것이 아니라 듣는 이가 재미있게 느낄 수 있도록 의미 있게 전달하는 것이 더 중요한 것이다.

민유선 선생님은 대전 색동어머니회 동화구연대회에 또 나가자고 했다. 다시 도전하기로 했다. 이번에는 동화 녹음테이프를 들으며 앵무새처럼 그대로 따라 했다. 운전할 때 차 안에서 동화구연 연습을 했다. 듣는 사람이 없는 차 안은 마음껏 구연해 보는 나만의 연습 공간이었다. 집에서도 틈날 때마다 동화를 외웠다. 옆에서 듣던 5살 딸이 동화를 외우고 있었다. 그 결과, 50명 중 15등이라는 성적으로 대전 색동어머니회 입회 자격을 얻었다. 청주에서 함께 간 4명 중 유일하게 상을 받았다. 청주에서 꼴찌였던 내가 청주 1등이 되는 순간이었다.

처음에는 목소리 변형이 타고난 재능이 있어야 가능하다고 생각했다. 저음의 무뚝뚝한 목소리를 가진 나는 강사에게 지적받을 때마다 재능이 없다고 생각했다. 그러나 민유선 선생님의 제안 덕분에 성장할 수 있었다. 각자 연습하고, 서로 만나 피드백을 주고받는 과정에서 목소리 변화가 가능해졌다. 동화구연대회를 준비하며 반복해서 꾸준히 연습한 덕분에 동화구연 강사의 길을 선택하게 되었다. 이후 강사가 되기 위한 다양한 교육을 이수했다. 70시간 동안 아이들에게 동화구연을 해 주는 봉사활동을 거쳐 2003년 6월, 동화구연 강사가 되었다.

2003년 9월, 청주시립도서관이 개관했다. 하반기에 무료 동화구연 강좌가 열렸다. 이는 나에게 매우 감사한 기회였다. 강사 자격증은 있었지만, 실력이 부족하다고 느끼던 차에 동화구연을 무료로 다시 배울 기회가 주어졌기 때문이다. 초보 강사가 다시 듣는 동화구연은 부족한 것을 알게 해 주고, 구연 실력도 향상시켰다. 강좌 수료 후 함께 수강한 사람들에게 동아리를 만들어 봉사활동을 하자고 제안했다. 처음에는 30명이 수강했지만, 17명이 동아리에 가입했다. 정해진 요일과 시간에 도서관을 찾아오는 아이들에게 책을 읽어 주기로 했다. 우리는 도서관의 '옹달샘'이 되기로 했다.

봉사활동으로 그림책을 읽어 주는 것이었다. 회원들은 영유아에게 시각적 자극을 주기 위한 교구를 함께 만들었다. 재미있게 책을 읽어 주기 위해 구연 연습도 열심히 했다. 처음에는 부족했던 동화 구연 실력이 꾸준한 봉사활동을 통해 점점 향상되었다. 구연 실력이 점점 나아지면서 아이들에게 새로운 체험을 더해 주고 싶어졌다.

도서관에 있는 강당을 활용해 동극을 공연하기로 했다. 회원이 함께 동화를 선택하고, 대본을 쓰고, 역할을 정했다. 의상, 무대 막, 소품도 만들었다. 그림 그리기를 잘하는 회원은 무대 막 제작 리더, 재봉틀을 잘하는 회원은 의상 제작 리더가 되었다. 각자 잘하는 부분에서는 리더로, 집에 있는 소품까지 챙겨 오며 공연이 만들어졌다. 첫 번째 공연은 『토끼와 거북이』였다. 아이들에게 공연을 보여 주고 싶은 열정으로 시작했다. 엄마들이 모여 만든 공연은 성공적이었다. 아마추어 기준에서다. 아이들에게 동극 공연을 보여 주는 일은 내 삶의 활력과 열정이 되었다. 2005년, 『무지개 물고기』 동극을 만들어 42회 공연했다. 봉사활동으로 공연을 하니, 청주 지역방송에서 동극 연습 중 촬영을 왔다. 학원 간 아들은 두고 딸만 데리고 촬영하는 곳에 갔다. 딸이 언제 인터뷰했는지 방송에 나왔다. 동생이 텔레비전에 나오는 것을 본 아들은 나도 나와야 한다며 "다시 찍어" 하면서 큰소리로 1시간 동안 울었다. 동극 대본을 쓰면서 아이들한테 어떤 대사가 더 좋냐고 물어보기도 하고, 그림책 읽어 주다가 좋은 대사를 찾기도 했다. 브리지 음악 선택에서도 아이들은 좋은 판정단이 되어 주었다. 딸이 "엄마, 처음 무대에서 공연할 때 배우인 줄 알았어요. 동극 대본 쓸 때 작가인 줄 알았어요."라고 했다. '아이들은 내가 하는 행동을 보며 자라고 있구나'를 알았다. 그렇게 8년간 옹달샘 회장을 하며 동극 공연을 무대에 올렸다. 새로운 공연을 매년 1편씩, 8편을 만들어 올리며 할 줄 몰랐던 것들을 하나하나 배우며 성장했다. 받은 것을 나누자는 마음으로 시작한 옹달샘은 동화를 들려주고 동극 공연을 선보이며 내가 성장하고 발전했다.

나는 처음부터 동화구연을 잘했던 사람이 아니었다. 대회에서 꼴찌를 했다. 강사에게 '동화구연 강사 하지 말라'는 말을 들을 정도로 부족했다. 동화구연대회는 구연 실력이 부족함을 인지할 수 있는 계기가 되었다. 그것이 나를 계속 연습하고 노력하는 삶의 길로 안내했다. 동화구연과 동극 공연 봉사활동으로 배움의 꽃을 피울 수 있다. 이제 아이들에게 동화를 재미있게 들려주며 동화연극놀이 강사로 인정받으며 살아가고 있다. 받은 만큼 나누고 함께하는 것이 진정한 배움의 길임을 알게 되었다. 어떤 일이든 반복해서 연습하면 실력이 향상되고, 성공에 가까이 갈 수 있다. 성공은 우연이 아니다. 일관된 노력과 학습 그리고 무엇보다 자신이 하는 일에 대한 사랑이다.

나를 성장시키는 아침

이은진

아침잠에 취약하다. 학창 시절, 엄마는 아침 7시면 나를 깨워서 학교 가라고 하는 게 일상이었다. 등교 시간은 전쟁이었다. 밥보다 잠이 좋았다. 대학교 때 자취를 하게 되었다. 아침잠이 많아 수업을 놓치지는 않을까 부모님은 걱정을 많이 했다. 알람을 5분 간격으로 10개 맞춰 놓았다. 처음 한 달은 할머니와 같이 지냈다. 할머니가 다시 집으로 가시고는 매일 아침 부모님은 내가 제대로 일어났는지 전화를 했다. 지금은 아침잠이 많은 내가 3교대 근무를 착실하게 하고 있다는 사실에 가족들은 놀라워한다. 아침에 눈뜨자마자 출근 준비하고 병원에 가기 바쁘다. 오후 출근을 하더라도 출근 전까지 잠을 잔다. 집은 잠만 자는 곳이었다. 자고 일어나서 출근하고, 퇴근해서 또 자고 반복했다. 일상이 매일 같은 패턴으로 돌아가고 있어 지루했다. 과연 이게 맞는 건가. 사는 즐거움도 없이 오직 월급에 의존하며 쳇바퀴 도는 듯했다. 지금 와서 생각해 보면 그동안 왜 10여 년간 일하면서 먹고, 자고, 일만 했을까? 싶다.

한 직장에서만 있어서 지루한 일상이었던가? 조금 더 나은 환경에서 일하고 싶어 D 병원에서 B 병원으로 이직했다. 이직하고 첫 한 달간은 새로운 환경이라 즐거웠다. 점점 시간이 흐르고, 근무 환경은 이직했던 B 병원도 비슷했다. 병원은 어디든 비슷한 근무 환경이다. D 병원에서는 연차 대우도 받고 사람들도 익숙했는데, B 병원에서는 오히려 연차에 비해 일하는 능력이 떨어지는 것 같다는 이야기를 들었다. 자존감이 바닥으로 뚝 떨어졌다. 이럴 거면 왜 이직했나 싶었다. 3교대 근무가 나와 안 맞나? 간호사라는 직업이 안 맞나? 고민 끝에 잠시 휴식의 시간을 갖게 되었다.

10년 넘게 했던 3교대 근무로 인해 수면 패턴은 불규칙했다. 바이오리듬이 깨지고 신체적·정신적 건강 상태가 온전하지 않았다. 사람은 해가 있을 때 깨어 있고 달이 있을 때 잠을 자야 하는 게 아닌가. 퇴사하자마자 먼저 했던 것은 아침 7시에 일어나서 밤 10시에 잠들기였다. 불규칙한 수면 패턴 단번에 바로잡기란 쉽지 않았다. 다시 일하게 된다면 아침 9시 출근해서 오후 6시에 퇴근하는 상근직 근무를 하리라 생각하며 2년간 나를 보살폈다. 할 헬로트의 『미라클 모닝』이라는 책 읽었다. 아침 7시에 일어나기 시작하다 5시에 기상했다. 기상 시간을 2시간이나 앞당겼다. 새벽 기상만 했을 뿐인데, 하루를 꽉 채워 사는 기분이다. 매일 새벽 5시 기상에 성공하지는 못했다. 일주일에 3~4일 새벽 5시 기상했다.

 온전히 내 돈이 아닌 남편의 월급으로 나의 용돈을 쓰려고 하니 남편은 아무 소리 없었지만 괜히 눈치가 보였다. 100만 원이라도 벌었으면 좋겠다고 생각을 했다. 당당히 전문직 여성으로 다시 일하고 싶어졌다. 다른 일을 해 볼까 기웃거려 보았지만 역시 내가 할 수 있는 일은 그동안 익숙하게 해 온 병원 간호사다. 하지만 3교대 근무는 하기 싫었다. 근무 조건을 오목조목 따져 가며 H 병원에 입사 지원을 했다. 간호사가 부족했기에 내가 요구하는 근무 조건이 관철되었다. 야간 근무 안 하고 아침 근무와 오후 근무만 하기로 하고 입사했다.

 새벽 5시에 기상하는 미라클 모닝 챌린지 지속했다. 아침 근무는 7시까지 출근하면 된다. 병원까지 버스 환승을 하고 50분 정도 걸린다. 새벽 6시에 버스를 타고 출근한다. 새벽 5시에 일어나 나만의 시간을 맞이한다. 아침밥을 든든히 먹고 출근해도 여유가 있다. 자고 일어나서 바로 출근했을 때보다 피곤하지도 않고, 나 자신도 자신감이 생기고, 뿌듯했다. 오후 근무는 하루가 더 여유롭다.

아침 시간은 온전히 나의 시간이다. 책 읽고, 블로그 글 쓰기 하고, 운동도 하고, 청소하고도 출근까지 여유롭다. 하루를 30시간 사는 기분이다. 출근 전 많은 활동을 해도 지장이 없다. 오히려 에너지가 좋다. 일하는 게 즐겁다. 반복되는 일상 같지만, 하루하루가 다르다. 오늘은 어떤 이벤트가 있을지 기대가 된다. 같이 일하는 동료, 환자, 보호자, 간병사들과 기분 좋은 에너지를 주고받는다. 실수도 덜 한다. 동료들이 같이 일하고 싶은 간호사로 뽑기까지 했다.

지금은 새벽 5시에 기상하는 미라클 모닝 챌린지를 하지 않는다. 대부분 오후 2시 출근이기 때문이다. 그래도 아침 기상은 꾸준히 하고 있다. 오후 2시에 출근해서 밤 9시 반에 퇴근한다. 집에 오면 밤 10시다, 씻고 하루를 마무리하면 11시가 되니, 새벽 5시에 기상하는 건 피곤하고 하루 생활에 지장을 더 주게 되어 하지 않고 있다. 아침 7시에 일어나도 출근 전 시간을 갖기에 충분하다. 7시에 일어나 따뜻한 물 한잔과 유산균을 챙겨 먹는다. 남편 도시락을 챙겨 주고, 요가 스트레칭을 20분 정도 한다. 요가 하면서 불편했던 부위, 오늘의 몸 상태에 대해 기록을 하고 하루를 시작한다. 오늘이 어떨지 미리 계획하고 해야 할 것을 놓치지 않으려 한다. 해야 할 것이 있으니 쓸데없이 핸드폰을 들여다보지 않게 된다. 인스타, 유튜브도 가끔 본다. 하지만 빠르게 빠져나오려 한다.

출근 전까지 아무것도 안 하고 있다가 출근할 때도 있다. 퇴근 후에도 몸이 가볍지 않고 묵직하다. 일하고 와서 피곤한데 잠도 안 온다. 잠들더라도 수면의 질이 떨어진다. 오히려 생산적인 활동을 하면 쾌적한 수면이 가능하다. 몸은 움직일수록 활력이 생긴다. 낮 동안 움직이고 밤에는 질 좋은 수면으로 충분한 휴식을 하고 충전을 해야 한다.

네이버 카페 1일 1정리는 소모임 맛집이다. 비움, 청소 등 정리와 관련된 소모임과 더불어 재테크, 블로그, 다이어트 등 자기 계발 소모임이 다양하다. 몇 달 동안 소모임에 크루로 참여하다가 작년 5월부터 시간 정리 소모임 운영을 시작하게 되었다. 나만의 하루를 되돌아보며 시간 정리를 하는 시간 관리 소모임이다. 다이어리에 시간 기록을 하고 피드백을 한다. 수면, 모닝 루틴, 업무, 집안일, 자기 계발 등 분야별로 나누어 되돌아본다. 잘한 것, 아쉬운 것을 찾고, 선택과 집중을 하며 개선한다. 알렉산드리아 핀은 "가장 바쁜 사람이 가장 많은 시간을 갖는다. 부지런히 노력하는 사람이 결국 많은 대가를 얻는다."라고 말한다. 시간 활용을 잘하여 부지런히 노력하는 사람이 되고자 한다.

교대 근무를 계속할지는 모른다. 어떠한 일을 할지, 누구도 미래를 점칠 수 없다. 통제할 수 있는 일에 집중하고, 아침에 일어나 나만의 모닝 루틴을 하고 하루를 시작할 것이다. 아침 7시에 일어난다. 주말에도 모닝 루틴 실천 지속하려 한다. 매일 똑같은 일상을 보내고 있는 분들에게 자신을 스스로 시간을 경영하도록 돕고 싶다. 쳇바퀴처럼 돌아가는 지루한 일상이 아닌, 매일 새롭게 호기심 가득한 일상을 기대한다.

우리 집 으뜸이

김선자

우리 집은 12월 31일은 무조건 집에 일찍 귀가하여야 합니다. 왜냐하면 모두 함께 모여 저녁을 먹고 나서 1년 연중행사를 하기 때문입니다. 결혼 전에는 친구들과 모여서 신나게 먹고 떠들면서, 먹고 마시며 한 해를 마무리 지었는데, 결혼 후 아이들이 초등학교를 들어가면서부터는 모임도 가지 못하고 집에서 가족회의를 합니다. 특별한 주제는 없습니다. 그저 1년 동안 어떻게 지냈는지 또는 내가 가장 기억에 남는 것이 무언인지를 이야기합니다.

처음에는 아이들이 가족회의 하는 시간을 싫어했습니다. 물론 저도 마찬가지였어요. 1년 지난 일을 되돌아본다는 것이 어떤 의미가 있는지, 왜 남편 마음대로 이렇게 일을 만드는지 이해가 되지 않았답니다. 남편이 사회자가 되어 먼저 입을 열었습니다.

"누가 먼저 이야기할까?"

아무도 손을 들지 않았습니다. 남편은 주변을 한번 훑어보더니 "그러면 우리 집에서 대장이 먼저 할까?"라고 합니다. 저는 당연히 '남편이 먼저 하는구나' 싶어서 가만히 남편 얼굴을 쳐다보았습니다. 그 순간 남편은 저를 가리키며 "우리 집 대장은 엄마지."라며 나에게 먼저 하라고 이야기했습니다. 순간 '이게 뭐지? 나보고 먼저 하라고?' 준비도 없었던 저는 깜짝 놀랐지만, 아이들이 보고 있다는 생각에 두서없이 이야기했습니다.

'지난 1년 동안 가족 모두 건강하게 잘 지내 줘서 고맙다.', '나는 운동을 제대로 하고 싶었는데 못 했다.' 등 어떤 이야기를 했는지 기억조차 나지 않았습니다. 다만, 아이들 앞에서 내가 성심성의껏 잘 해야 아이들도 할 수 있을 거라는 생각 때문에 두서없이 말했습니다. 저의 이야기가 끝나자, 남편은 아이들에게 "대장님 이야기 잘 들었으니 손뼉을 쳐야지."라고 박수를 강요하는 모습이 순간 친정아빠의 권위적인 모습이 떠올랐습니다. 친정아빠는 항상 모든 것이 본인의 뜻대로 되지 않으면 강압적으로 행동하는 분이셨습니다. 갑자기 '내가 남편을 잘못 선택했나? 이런 면이 있을 줄 몰랐네.' 하며 새로운 모습의 남편이 못마땅했습니다. 대영이 차례가 되어 대영이가 이야기했습니다. "나는 1년을 엄마 아빠 덕분에 잘 보냈습니다."라고 이야기합니다. 그리고는 할 이야기가 없다고 합니다. 남편은 다른 이야기라도 해 보라고 권합니다. 대영이는 부모가 듣기 좋아하는 말을 서비스로 해 주듯이 "내년에는 공부를 잘하겠습니다."라고 했습니다.

   소영이는 "감사합니다. 내년에도 잘 부탁합니다."라며 간단하게 말을 마쳤습니다. 마지막으로 남편이 말했습니다. 1년 동안 가족 모두 건강하게 보내 줘서 고맙다고, 내년에는 하고 싶은 것을 모두 이루어 내면 좋겠다고, 아빠도 더욱 열심히 일해서 부족하지 않게 지원해 줄게. 이것이 우리 집의 첫 번째 가족회의였습니다. 가족회의가 20년 동안 진행되니 이제는 모두 그러려니 하면서 당연한 것이라고 느낍니다. 해가 거듭될수록 조금씩 이야기도 길어지고, 농담도 해 가며 부드러운 분위기에서 가족회의가 시작됩니다.

   이처럼 삶의 여정을 함께 나누는 것이 얼마나 중요한지를 다시 한 번 깨닫게 됩니다. "가족이란 서로의 부족함을 채워 주는 존재다."라는 말처럼, 우리는 서로의 이야기를 듣고 응원하며 더욱 강한 유대감을 형성해 나갑니다. 작년 마지막 날에는 치킨 3종 세트를 시켜서 식탁에 둘러앉았습니다. 대영이가 29살, 소영이가 26살이었습니다. 제법 어른티가 나는 아이들을 보면서 '많이 컸구나, 이제는 내 품에서 독립해야 하는데 이야기를 어떻게 꺼내 볼까'를 고민했습니다. 우리 부부는 이제 아이들을 독립시키는 것이 목표였습니다. 치킨이 도착하자 따뜻할 때 먹어야 한다며, 음식에 진심인 남편이 빨리 먹자고 이야기했습니다. 나는 치킨을 먹으면서도 아이들에게 어떤 이야기를 해야 서운하지 않고 설득력 있게 이야기할 수 있을까를 고민했습니다. 치킨이 맛이 있을 리가 없습니다. 남편과 아이들은 아무 생각 없이 먹는 것에만 집중합니다. 나는 그 순간, '걱정하지 말자, 치킨을 먹으면서 이렇게 즐겁고 행복해하는데 일단은 지금 이 순간을 즐기자'는 생각이 들었습니다.

어느 정도 치킨을 먹고 나니 남편이 숟가락을 들고 이야기합니다.
"자, 지금부터 우리 집 가족회의를 시작하겠습니다. 박수! 우리 집의 으뜸 먼저 이야기해 주세요."

저는 '우리 집 으뜸은 아빠가 아닌가' 하고 웃으면서 숟가락을 건네받았습니다. 올 한 해는 내가 하는 일에서 큰 성과가 있어서 행복한 한 해를 보냈지만, 가족들에게 신경을 많이 쓰지 못해 미안하다고 이야기하고, 아이들에게 모두 독립하면 좋겠다고 이야기했습니다. 2025년에는 나의 일을 조금 더 열심히 하면서 집안일도 신경을 더 써 보겠다고 말이죠. 대영이는 지난 1년을 열심히 나름대로 포트폴리오도 만들고 이력서를 냈지만, 취직하지 못해 아쉽다고 말합니다. 대전에 있는 한국 폴리텍대학교 AI 인공 지능에 입학하여 취직하는 것이 올해의 목표라고 합니다. 소영이는 "올해는 수능 공부 하느라 많이 힘들었어. 생각해 봤는데 학점 은행제 공부해서 학점을 이수한 후에 편입을 생각하고 있어."라고 목표를 이야기합니다. 그동안 수능을 7번이나 친 소영이가 대단하다고 느꼈지만, 이번에도 점수가 생각대로 나오지 않자 이번에는 편입으로 학교에 간다고 합니다. 이 이야기를 듣는 순간, 나는 한숨을 쉬었습니다. '여태껏 했는데도 안 되면 그만 포기할 것이지 또 다른 도전을 한다고? 내 딸이지만 어쩌면 저렇게 자기만 알까?'라는 생각이 들었습니다.

그래도 우리가 살아가면서 배운다는 것을 말릴 수는 없는 것 같습니다. 올해에는 우리 집에 비움의 꽃이 피는 해인 것 같습니다. 대영이는 인공 지능 공부를 위해 대전으로 가고, 소영이는 편입하겠다고 책을 사서 매일경제신문 시험도 보고 어제는 학점 은행제에 등록한 과목도 시험을 봤습니다. 집에 늦게 들어왔더니 얼굴을 보자마자 이야기합니다. 20초를 남겨 놓고 고친 문제가 틀렸다고요. 아이들이 다른 사람들보다 조금 늦게 시작한 공부지만 마음먹고 잘할 수 있도록 엄마의 좋은 에너지를 보내 주려고 합니다. 배움의 꽃이 활짝 피는 그날을 기다리면서요.

어떻게 하면 부자가 되나요?

라선경

나는 결혼 당시, 내 또래들보다 안정적으로 출발했다. 남편이 장만한 사창동 현대아파트에서 신혼 생활을 시작했다. 친구들에게는 부러움의 대상이었고, 순조로운 출발이었다. IMF가 쓰나미처럼 온 세상을 휩쓸아쳤던 그때 결혼한 우리 부부였다. 남편과 나는 맞벌이로 금융권에 다닌 덕분에 IMF가 온 세상을 휩쓸아친 시절에 결혼했지만, 경제적인 어려움은 없었다. 경제적인 안정을 위해 자녀 계획은 3년 맞벌이 후에 아이를 낳기로 했다. 그러나 계획은 계획일 뿐이다. 결혼한 지 3개월 만에 첫 아이가 생겼고, 백일이 지나 다니던 직장을 그만두었다. 첫 아이 키우는 재미와 기쁨, 신비함 속에서 살았다. 7년 사이에 삼 남매의 엄마가 되었다. 여유로웠던 생활에서 남편 월급만으로 5인 가족의 삶은 풍요롭지 못했다. 중고 책과 장난감을 사고, 집에서 만들기 가능한 것은 놀잇감으로 만들어 주었다. 둘째 딸은 등에 업고, 첫째 아들은 손을 잡고 걸으며 교통비를 절약했다.

외식은 생각지도 못했다. 부모님이 주시는 식자재와 반찬으로 식비를 아꼈다. 절약해도 늘 아이들과 나는 부족함을 느꼈고, 대출은 점점 늘었다. 아무것도 할 수 없던 나의 입에서 "하나님, 어떻게 하면 부자가 되나요?"라는 기도만 늘었다.

아이들을 키우다 보니 뜻하지 않은 일들이 우리 가정에 생겼다. 첫 아이가 아팠다. 당시에 실비보험 가입을 하지 않아 병원비를 감당할 수 없어서 대출로 버티다 신혼집을 팔고 전세 대출로 이사를 했고, 교대 부설초등학교에서 창신초등학교로 전학을 시켰다. 십 년이란 시간이 흐르며 어려운 시간을 신앙의 힘으로 잘 버텼고, 기적도 경험하면서 나의 직업도 바뀌었다.

아들이 회복되어 감사와 성실과 열정으로 10여 년을 일하며 살아가던 2018년 5월, 남편의 건강에 이상 신호가 왔다. 2년마다 하는 건강 검진에서 건강 수치들이 점점 나빠졌다. A사 건강식품을 더 챙겨 주었는데도 대사증후군과 부정맥이 막혀서 응급실까지 가게 되었다. 이때 남편에게 희소식을 전한 메신저가 있다. 바로 지금 하는 일의 나의 후원자, 셋째 여동생이다. 셋째 여동생은 남편에게 연락해서 제품을 소개했다. 세포 이야기, 염증 이야기, 영양 이야기를 통해 처음 접한 제품 정보를 듣고 남편은 전 패키지를 구매했다. 당시 남편이 응급실도 가고 그러다 보니 잘 먹고 회복되기를 바라는 마음뿐이었다. 신기하게 복용 8일 만에 남편의 얼굴은 예전보다 혈색이 맑아지고, 운동해도 안 빠지던 뱃살이 들어가고 기력도 좋아졌다. 아침에 벌떡벌떡 일어나며 체력은 국력이라는 모습을 보여 주었다. 불편했던 남편의 여러 증상이 개선되면서 젊은 시절로 돌아간 듯 건강의 변화를 경험했다. 건강식품으로 이렇게 건강해진다고? 신기했다. A사 건강식품을 그리 오래 먹어도 경험하지 못했던 남편의 변화다.

나는 커피를 아예 마시지 않았다. 하지만 남편이 건강해지고 지금 하는 사업의 엔잭타 커피는 마신다. 엔잭타 커피를 마시고는 매일 없어서는 안 되는 인공 눈물 약도 끊게 되었다. 신기한 나의 체험이었다. 엔잭타와의 인연은 시작되었고, A사 제품 복용은 멈추었다.

그후 한 달 뒤쯤 둘째 딸이 유난히 피곤해하며 식욕도 줄고, 목 주위 임파선 쪽이 부어올랐다. 학교와 학원을 오가는 생활로 피곤해서 그런 것 같다는 의사 선생님의 이야기와 함께 두 달 정도 이비인후과 약을 먹었으나 차도가 없고, 점점 신체의 여러 부위에서 멍울이 눈에 띄게 보였다. 혼자 병원을 갔으나 그날은 내가 쉬는 날이라 개인 병원이 아닌 의료원으로 함께 갔다. 그곳에서도 비슷한 이야기를 듣고 아무래도 이상해서 다른 병원에 전화를 걸어 결국 한국병원 의사 선생님과 상담한 결과, 소견서를 써 주며 충북대병원으로 가라는 말을 들었다. 느낌이 이상했다. 그래도 충북대병원 응급실에서 혈액 검사를 기다리면서도 암일 것이라는 생각은 조금도 하지 않고 검사 결과만을 기다리고 있었다. 몇 시간이 흘러듣게 된 병명 림프 백혈병이란다. 말로만 듣던 혈액암. 다리가 풀리는 느낌을 처음 경험했다. 눈물이 주르르 흘렀다.
"엄마가 우니까 나 무서워!"
눈물을 보이지 않으려 해도 멈추지 않는다.

남편과 나는 서울 상급병원에서 치료받게 하려고 삼성서울병원으로 옮겼다. 남편과 두 아들과 생이별하듯 떨어져 긴 항암과 병간호는 시작되었다. 치료받는 딸을 보면서 항암 치료는 정말 할 게 못 된다는 생각이 들었다. 돈이 많았다면 미국이든 일본이든 항암을 대신할 수 있는 좋은 것을 먹여 주고 싶었다. 구토 증세가 없고 머리카락이 빠지지 않는 비싼 항암제를 해 주고 싶었다. 딸이 항암 치료 하면서 겪는 모든 고통을 보는데, 엄마인 나는 아무것도 해 줄 수 있는 게 없었다. 무능한 것 같다고 느끼는 자체가 슬픔이고, 눈물이고, 고난이었다. 그저 내가 할 수 있는 건 항암을 잘 견디고 1차 항암이 성공되어 골수 이식까지 가지 않도록 두려운 상황이 오지 않도록 기도하는 것뿐이었다. 누군가는 절망 중에도 희망을 선택하고 살아 낸다고 하지만, 당시에는 하나님에 대한 원망만 들었다. 기도도 되지 않아 병원에 마련된 기도실에서 눈물만 뚝뚝 흘리다 나오곤 했다.

갑작스러운 딸의 병으로 충격을 받은 나의 목덜미는 뻐근했고, 처음 듣는 약물 용어와 치료 일정을 의료진이 설명을 해 주는데도 귀에 들리지도 않고 아무 생각도 나지 않았다. 어쩌면 생각하고 싶지 않았는지 모르겠다. 딸의 치료 성공 여부가 늘 궁금했다. 서울에 있으면서 딸의 미래, 들어가는 비용들을 생각하면서 잠 못 이루는 날들이 많아짐과 동시에 병원 생활도 익숙해져도 갔다. 그렇게 우리는 살아 내고 있었다. 희미한 미래를 하루하루 견뎌 낼 뿐이었다. 우리 가족 모두 힘들게 보낸 2년 7개월이다.

딸의 항암 치료 시작부터 남편과 후원자인 셋째 여동생이 계속 엔잭타 제품을 먹여야 한다고 권유를 했다. 동생에게 "네 딸이라면 먹이겠냐?"고 짜증 섞인 반문을 했는데, 남편이 먼저 개선 효과를 본 이유를 생각해 보니 세미나를 가 봐야겠다는 생각이 들었다. 긴 항암을 이길 방법을 찾고 싶었던 것 같다. 이미 병실에서 함께하고 있던 환우들의 처참한 모습이 두렵기도 했고, 같이 치료받던 분이 생을 마감했기에 든 생각이었다. 3번의 세미나를 참석했을 때, 딸이 먹고 싶다고 했다. 살고 싶다고 했다. 의사의 말만 듣고 있을 수 없겠다는 생각과 짧은 기간 남편과 나의 체험과 세미나를 통해 듣게 된 제품의 원리를 알게 되었다. 처음 듣는 인체의 원리! 제품의 원리! 그것이 딸의 마음을 움직였고, 나를 결단하게 했다.

항암 시작 후 한 달 뒤부터 제품을 하루에도 수시로 먹이면서 합병증 한번 없이 2년 7개월의 치료 일정을 마치게 되었다. 지금 돌아보면 항암 시작 후 바로 제품을 복용한 것이 신의 한 수였다는 생각이 든다. 항암 치료라는 긴 터널을 보내고 내려올 때는 이 일을 해야겠다고 결단한 상태였다. 네트워크 독립사업자가 될 거라는 상상을 해 본 적이 없던 내가 현재는 단단한 네트워커로 성장한 사람이 되었다. 집과 교회밖에 몰랐던 나는 우선 지인들에게 이 일을 시작하게 된 계기를 명함과 건강 커피로 전달하기 시작했다. 딸아이가 항암 중 먹었던 안전한 제품을 전하고 싶었다. 몰라서 시간과 돈을 쓰는 사람들에게 내가 광고하고 돈을 버는 일이기에 성실했던 나, 신뢰가 있던 나와 남편의 변화된 모습을 보고 연결된 지인들이 제품을 드시고 빠르고 건강하게 변화가 되면서 소개가 이어졌다. 첫 달에 400만 원 가까이 되는 수입이 통장에 찍혔다. 깜짝 놀랐다. 오히려 돈을 많이 주는 회사를 염려하며 그렇게 나의 제2의 네트워커의 삶은 시작되었다.

나는 어떤 것을 결정할 때 의심도 많고, 생각도 많다. 그러나 결정이 끝나면 앞으로 직진하는 스타일이다. 일을 시작하기로 결단한 후 지금까지 무슨 일이 있어도 세미나를 소홀히 해 본 적 없다. 세미나에서 제품, 보상 설명과 함께 성공자들의 앞서간 발걸음 이야기를 듣는다. 네트워크 사업은 교육의 질이 성장과 성공의 질을 결정한다. 그래서 교육 사업이다. 사업에 성공하려면 배워야 하는 것은 필수다. 다단계가 불로소득이라고? 모르는 소리. 정말 '개고생 마음 고생'한다. 당연히 처음에는 노동 소득이다. 다단계에 대한 편견과 돈에 대한 상처로 벗어나기 시작했다. 내 몸의 변화와 행동으로 보여 주었다. 똘똘 뭉친 돈의 상처 치유부터 시작했다. 돈은 타고난 사람들만 벌고 만질 수 있다고 믿어왔던 시간이 있었다. 그런 돈에 대한 부정적 감정과 거부하는 마음을 없앴다. 돈 공부 하면서 네트워크 사업으로 충분히 경제적 자유를 누릴 수 있는지! 평범한 사람이 경제적 자유가 될 수 있다는, 나는 그 비밀의 열쇠를 풀기 시작했다. 무경험이었던 나, 열정적으로 하루하루를 그냥 살지 않았다. 가문을 변화시키고 싶은 마음. 기도의 응답이라고 믿는다.

나에 대한 투자가 올진 것이다

류정희

약 20년간의 직장 생활을 그만두고 전업주부의 길을 선택했다. 큰 아이가 중학교 1학년, 둘째가 초등학교에 입학하면서 아이들에게 중요한 시기라는 생각이 들어서 아이들과 가정에 온전히 집중하기로 마음먹었다. 퇴사하기 전 휴직계를 내고서도 마음이 흔들렸지만, 결국 완전히 퇴사했다. 일과 가정 사이에서 소진되는 여러 에너지를 감당하기에는 너무 지쳐 있었다. 두 사람의 월급이 반으로 줄어든 생활에 처음엔 '어이쿠' 했다. 퇴직금 등 여유 자금이 조금 있었지만, 매월 일정하게 지출해야 하는 돈은 변함없었기에 돈이 마구마구 사라지는 느낌이었다. 하지만 이 또한 주어진 경제 안에서 아끼는 생활의 요령으로 금방 적응했다.

처음엔 퇴사로 주어진 자유 시간이 정말 좋았다. 중학교와 초등학교를 입학한 아이들을 챙기니 가정에 안정감과 함께 평화가 찾아왔다. 초등학교 1학년이 된 딸아이의 등굣길을 매일 함께하는 시간은 큰 행복이었다. 차근차근 성장하는 아이들을 오롯이 지켜보는 보람도 컸다. 그렇게 온전히 엄마 역할, 아내 역할을 해내는 내가 기특했다. 물론 '나만의 착각이었구나' 하는 순간들도 있었다. 나는 신나서 보낸 캠프를 막상 아이들은 힘들었다는 반응을 보일 때는 특히 그랬다.

그렇게 전업주부로서의 시간에 좌충우돌하면서도 차츰 적응해 나갈 즈음에 평소 알고 지내던 선생님이 '부산 생명의 전화'에서 매년 주최하는 시민 강좌 수업을 알려 주셨다. 상담에 관한 공부가 아이들을 키우는 데에 도움이 될 것이라는 안내도 해 주셨다. 20주가 넘는 교육 과정 기간이었지만, 퇴사 후의 나에게는 남아도는 것이 시간이었다. 교육 과정은 나와 가족을 찬찬히 들여다보게 하였고, 나라는 사람이 어떤 사람인지, 가족은 나에게 어떤 존재인지를 생각해 보는 기회를 주었다. 그 과정을 마치고 전화 상담 봉사를 시작했다. 전화를 걸어오는 사람들의 힘든 이야기를 공감해 주고, 감히 그 마음을 살펴 주는 일은 어렵고도 힘들었지만 보람 있었다. 누군가를 돕는 일은 결국 자신을 돕는 일이라는 말은 맞았다. 그렇게 시작한 봉사는 초·중·고등학교에서 하는 생명 존중 수업 강사 활동으로 이어졌다. 학교 수업을 하면서 청소년기를 지나는 우리 아이들도 다시 살펴보았다. 생각보다 잘 자라는 아이들이 새삼 고마웠다. 이렇게 공부는 나의 경험을 확장하면서 나를 들여다보게 되었다.

큰아이가 대학을 들어가는 스무 살이 되자, 아이가 태어나자마자 넣었던 보험금 만기가 됐으니 찾아가라는 연락이 왔다. 200만 원이 좀 넘는 돈이었다. 이게 웬 떡인가! 마침 참여해 보고 싶은 프로그램이 있었는데, 160만 원 정도의 비용이 필요했다. 당시에 〈고도원의 아침편지〉를 초창기부터 꾸준히 구독하고 있었다. 깊은 산속 옹달샘에서 진행되는 그 프로그램이 좋아서, 아이들을 그곳에서 진행하는 캠프에 자주 보내곤 했었다. 나도 가고 싶었지만 늘 아이들이 먼저였고, 비용 때문에 망설였었다. 하지만 이번엔 달랐다. 20년 동안 잘 묵혀 둔 돈을 6박 7일 명상 프로그램에 쓰기로 했다. 눈을 딱 감고 처음으로 나에게 투자하기로 한 것이다.

매월 아이들에게 들어가는 교육비를 나에게 투자해도 된다는 그 판단은 용기의 시작이었다. 공부를 위한 돈, 책을 사는 데 드는 돈, 새로운 경험을 위한 돈의 투자는 나를 성장시키는 원동력이 되었다. 대신 다른 돈은 많이 아꼈다. 특히 커피값이나 외식비 등은 최대한 줄였다. 그렇게 아이 앞으로 들어 둔 보험은 만기가 되어 나에게 뜻밖의 큰 선물이 되어 주었다. 내 시선이 아이들에게만 가 있지 않고 나 자신에게도 향할 수 있게 된 것이다.

한번 발동이 걸린 공부에 신이 나서 달리기 시작했다. 공부에도 꼬리가 있었다. 꼬리에 꼬리를 물고서 하고 싶은 공부들이 계속해서 이어졌다. 게다가 배워야 하는 수업은 왜 다 서울에서 열리는 것인지. 매주 새벽 기차를 타고 1년 이상을 부산에서 서울을 오가야 했던 공부도 있었다. 결과적으로 수업료보다 왕복 기차비가 더 많이 들었다. 이 모든 과정에서 남편의 경제적인 뒷받침과 지지는 엄청난 힘이 되었다. 공부를 하고 나니 도서관이나 학교에서 수업을 진행할 기회도 주어졌다. 부족한 것이 많았지만 수업 의뢰가 들어오면 무조건 가능하다는 사인을 보냈다. 부족한 것은 채워 가며 준비하자고 마음먹으니, 용기가 생겼다. 물론 겁도 나고 떨리기도 했다. 하지만 시작이 반이라고, 주어진 것을 소화해 내는 실력이 조금씩 쌓이고, 자신감도 붙기 시작했다. 그렇게 투자한 공부는 공부에서만 끝나는 것이 아니라 배운 것이 쓰임이 되도록 연결하려고 했다.

코로나19가 시작된 2020년 1월부터 강제 멈춤이 시작되었다. 온라인으로 시작된 비대면 수업을 정신없이 수강하게 되면서 공부량이 더 많이 늘어났다. 새벽 기상의 열풍에 올라타 무엇이라도 배우지 않으면 도태될 것 같은 위기가 느껴진 시기이기도 했다. 인스타그램, 블로그, 유튜브 등 온라인에 나의 존재를 알리는 과정은 두렵기도 하고, 낯선 시간이었다. 하지만 이 모든 과정과 공부는 또 다른 도약을 할 수 있는 계기가 되었다. 나만의 온라인 집을 지어 가는 과정은 두려움에서 즐기는 과정으로 조금씩 변화되어 가고 있다.

 가끔 길이 보이지 않을 때가 있다. 도대체 이렇게 공부해서 무엇이 되려고 하는 것인지, 궁극적으로 무엇을 하고 싶은 것인지, 열심히 달리다가도 순간순간 아득해질 때가 있다. 이제 공부는 그만하고 싶다는 생각이 스스로 들 때도 있다. 하지만 이제는 안다, 공부 투자는 언제고 빛을 발할 날이 올 것을. 나에게 하는 투자는 결코 어디로 가지 않는다는 것을. 그래서 그냥 머물러 있지 않으려고 한다. 공부로 얻은 보상을 또다시 나에게 투자하면서, 자랑스럽고 당당한 나를 완성해 나가는 중이다.
 '공부해 보니 알겠다. 자발적인 공부가 이렇게나 즐겁다.'라는 것, 그리고 한 발 더 성장하고 있다는 일이다.

돌봄에서 피어난 나의 삶

장은경

아이들을 키우며 생계를 책임지기 위해 오랫동안 다양한 부업을 전전했다. 어린이집 보조 교사, 세탁소 배달, 사무실 청소까지 낮과 밤을 가리지 않고 일했다. 하지만 그 모든 일은 하루 벌어 하루 사는 고된 삶일 뿐이었다. '언제까지 이렇게 살아야 하나.' 하는 막막함이 자주 밀려왔다.

아이들이 초등학교에 입학하면서 조금은 여유가 생겼고, 나는 생애 처음으로 정규직 일자리를 얻었다. 그곳은 주유소였다. 처음엔 기름 냄새에 머리가 아프고, 쿵쾅거리는 트럭 소리에 숨이 턱턱 막혔다. 남자 직원들만 가득한 곳에서 유일한 여직원이었던 나는 주유하러 온 기사들의 무례한 농담도 견뎌야 했다. '돈 벌러 나왔는데 이 정도는 참아야지.' 그렇게 마음을 다잡았다. 하지만 그곳에서 제때 받는 월급과 4대 보험은 큰 안정감이 되었다. 그리고 마음속에 작은 용기가 생겼다. 이 기회에 무언가를 배워 보자. 나는 요양보호사 자격증에 도전했다. 낮에는 주유소에서 일하고 밤에는 학원에 다니는 생활은 녹록지 않았지만, 그 배움은 내 인생의 첫 씨앗이 되었다. 자격증을 취득하자마자 국가에서 운영하는 요양원에 취업할 수 있었다.

그러나 현장은 책에서 배운 것과는 전혀 달랐다. 내가 처음 맡은 어르신은 거동이 매우 불편하신 분이었다. 하루 세 번 기저귀를 갈고 식사를 떠먹여 드리며 체위 변경을 해야 했고, 혼자 감당하기 어려울 땐 동료의 도움을 받아야 했다. 땀으로 흠뻑 젖는 날이 많았고, 치매 어르신의 갑작스러운 고함이나 손찌검에 눈물이 쏟아질 뻔한 날도 있었다.

그러던 어느 날, 선배 선생님이 내게 조용히 말했다.

"당황하지 마. 우릴 미워하는 게 아니야. 어르신도 당신의 마음을 몰라서 그러신 거야."

그 말을 들은 후, 나는 어르신의 표정을 더 자주 살피고, 손을 잡아 드리며 말을 건넸다.

"괜찮으세요?"

"오늘은 기분이 좋아 보이세요."

어르신이 화를 내실 땐 조용히 화제를 돌렸고, 자주 말을 걸다 보니 반응도 점점 달라졌다.

그렇게 어르신의 변화를 기록하고 의료진과 소통하면서, 내 말 한마디가 누군가의 건강에 직접 영향을 미친다는 사실을 절감하게 되었다.

어느새 내 이름을 기억해 주는 어르신들이 생겼고, 휴무 후 출근하면 동료들이 "너 사진 하나 걸어야겠다. 어르신들이 너 찾아서 난리였어."라고 말할 정도가 되었다. 나는 사람을 돌보는 법을 배웠고, 돌봄의 본질은 기술이 아니라 존중임을 깨달았다. 요양원에서의 일은 단순한 생계 수단이 아니었다. 그것은 내 인생의 전환점이었고 진정한 배움의 시작이었다.

요양원이 전국 우수 요양 시설 중 한 곳으로 선정되어 일본 연수를 가게 되었다. 4박 5일 동안 국가 지원으로 우리 시설에서 다섯 명이 함께했다. 생애 첫 해외여행에 마음은 들떴지만 걱정이 앞섰다. 여권 만드는 것도 처음이었고, 짐 싸는 일조차 낯설었다. 공항에서는 긴장한 나머지 여권을 찾고 가방을 뒤지느라 촌티가 팍팍 났다.

일본은 한국보다 약 7년 정도 노인 복지 체계가 앞서 있다고 한다. 40세가 되면 자동으로 장기요양보험에 가입되고, 65세 이상 노인은 등급에 따라 맞춤형 보살핌 서비스를 국가로부터 지원받는다. 무엇보다 놀라웠던 건 '보살핌 매니저'라는 중간 관리자가 있다는 점이었다. 이들은 노인의 상태를 평가하고 요양 계획을 수립하며, 의료, 복지, 가족 간 조율까지 맡는다. 한국에서는 보호자나 요양보호사가 전부 떠맡는 역할이었다.

　시설 역시 인상 깊었다. 바닥은 충격을 흡수하는 탄성 소재였고 창문은 햇빛을 조절할 수 있었으며, 냄새 제거 시스템까지 갖춘 집 같은 공간이었다. 무엇보다 기억에 남는 건 직원들의 표정이었다. 지쳐 보이기보다 차분하고 어르신을 진심으로 대하는 모습에서 돌봄이 아닌 함께 살아가는 삶이라는 철학이 느껴졌다.

　연수 이후, 우리 시설 선생님들의 마음가짐도 달라졌다. 나는 단순히 어르신의 일상을 돌보는 것을 넘어, 건강 상태를 간호사에게 전달하고 변화된 부분을 기록하는 행정적 역할도 맡게 되었다. 자연스럽게 요양보호사와 간호사 사이의 연결 고리로서 의사소통을 돕게 되었고, 점차 돌봄은 기술이 아닌 태도의 문제라는 걸 알게 되었다.

　주 5일 교대 근무를 하며 나는 틈틈이 아이들과의 시간을 만들기 위해 도서관에 자주 갔다. 내가 책을 통해 세상을 배웠듯 아이들도 책을 통해 많은 것을 느끼길 바랐다. 둘째는 간식에 더 관심이 많았지만, 큰아이는 책을 좋아했다. 그러던 어느 날, 큰아이가 물었다.

"엄마, 작가는 어떻게 돈을 벌어?"

초등학교 5학년까지 장래 희망을 작가라고 적었던 딸이 물었다.

"작가는 시간도 필요하고 여유도 있어야 해. 직장을 다니면서 제2의 직업으로 작가를 준비하는 것도 좋은 방법이야."

그 후 아이는 시험이 끝난 뒤 가구나 소품을 만지작거리며 새롭게 꾸미는 데 푹 빠졌다.

그래서 나는 말했다.

"너는 꾸미고 표현하는 걸 좋아하잖아. 좋아하는 걸 하면서 돈도 벌 수 있는 길을 찾아보자."

그 말엔 내 바람도 담겨 있었다. 나는 꿈을 미뤘지만 너는 멈추지 않기를.

가정과 생계를 책임진 삶이 항상 행복하진 않았지만 단 한 가지는 분명히 알게 되었다.

'생각대로 살지 못하면 사는 대로 생각하게 된다.'

나는 늘 성장하고 싶었고, 아이들에게도 멈춰 서지 않는 삶을 보여 주고 싶었다.

삶의 무게 속에서도 배움의 씨앗을 심으면, 언젠가 반드시 꽃이 핀다는 것을 요양보호사를 하면서 알게 되었다. 어르신들의 돌봄은 기술이 아니라 태도며, 그 본질은 존중에 있는 것이다. 부모의 삶은 아이에게 가장 진실한 교육이 된다. 머무르지 않는 부모의 모습이 곧 아이의 꿈이 되는 것 같다.

무식한 축적기

하주언

보험을 팔지 말세요. 고객을 도와주세요. 그런 마음으로 설계사 일을 하면 행복해진다는 걸 알게 되었습니다. 새벽 4시, 알람이 울립니다. 새벽마다 일어나는 습관이 일상이 되었습니다. 양치질하고, 머리를 묶습니다. 노트북 앞에 앉아 화면을 켰습니다. 〈MKYU〉 김미경 학장님의 새벽 강의로 나를 일으키기 시작했습니다. 주부였던 김미경 대표님이 성장한 이야기로 위로받고, 나의 일에서 도전하는 시간이 시작되었습니다. 새벽에 일어나는 것이 습관이 되고, 자동으로 일어나는 내가 되었습니다. 매일의 새벽 기상이 나를 위로했습니다. 새벽 기상 2년 차가 되니 나는 자신감 있는 사람이 되어 가고 있었습니다. 기록한 노트들이 쌓여 가고, 블로그의 글들이 늘어나기 시작했습니다. 잘하지 않았지만 꾸준하게 하니 역사가 되었습니다. 한 줄 글쓰기가 힘들었던 시절에서 한 페이지를 쓸 수 있는 사람이 되어 있었습니다. 새벽에 나의 일 관련 강의를 듣는 것을 시작했습니다. 강의 듣고, 노트 필기 하고, 공부한 내용을 고객에게 안내했습니다. 만날 고객들을 생각했습니다. 목록을 작성하고, 상상하고 만났습니다. 계약하는 상상을 하며 만나러 갔습니다.

새벽 공부의 내용 중 일부

복리라는 책을 통해 왜 은행이 아닌 보험사에 금융자산을 만들어야 하는지 배우게 되었습니다. 암이 가족력뿐만 아니라 누구나 대비해야 하는 뉴스와 통계를 통해서 배우게 되었습니다. 20대 때 나는 왜 보험을 들어야 하는지 알지 못했습니다. 건강했으니까. 대**부**분 20대는 그렇습니다. **일**어나지 않은 **일**에 대해 미리 준비하는 사람은 몇 % 정도**일**까요? 많은 사람이 나처럼 아프기 전에는 모르는 것이 당연했습니다.

아프거나 다치거나 그때 보험증권을 확인하시는 분들이 많았습니다. 20대에 억지로 가입한 종신보험이 아플 때마다 **용**돈을 주는 보물 창고가 되어 있었습니다. 매달, 매년 해약하려고 **용**을 썼습니다. 가치를 몰랐으니 그렇게 생각했습니다. 30대가 되고, 아들이 던진 핸드폰이 코에 맞아 코뼈가 **부**러졌습니다. 코뼈 수술을 했지만 **부**서진 코가 완전하게 회복되지는 않았습니다. 코를 볼 때마다 **부**모님은 속상해하셨습니다. 수술하고, 보험금 청구를 했습니다. 지출한 병원비보다 더 많은 보험금을 받았습니다.

출산하고 신우신염에 걸렸습니다. 감기인 줄 알았습니다. 감기 치료를 받으면서 병을 키웠습니다. 고열이 나고, 남편과는 연락이 되지 않아 119에 전화해서 태어난 지 얼마 되지 않은 솔이와 구급차를 타고 병원으로 이송되었습니다. 솔이는 119 구급차를 엄마 차로 기억하게 되었습니다. **내**가 아플 거라고 상상하지 못했었습니다. 아프고 싶다고 간절히 바라지도 않았습니다. 누구나 아플 수 있습니다.

그럴 때마다 나를 경제적으로 자유롭게 해 준 건 20대에 가입한 종신보험이었습니다. 사고가 **일**어나기 전 해약했다면 후회했을 것 같습니다.

이후 상품**의 중**요한 **내용**이 기록된 약관을 **공부**하기 시작했습니다. 기본적인 **내용**도 하나도 모르고 있었습니다. 우리나라 모든 암보험은 최초 1회한으로 지급되는 것에 화가 났습니다. 한번에 치료가 되지 않는데 한 번밖에 안 준다고 왜 설명 안 해 주셨는지 궁금했습니다.

전이암에 관해서도 **공부**했습니다. 다른 장기로 전이되었을 때 처음 걸린 암**의** 기준으로 보험금이 지급되는 것도 알게 되었습니다. 2011년 4월 이전**의** 암보험에 가입한 분들은 원 발기준 적**용**이 아니었습니다. 하면 할수록 가치를 느끼게 되었습니다. 제대로 알리고 싶었습니다.

보험회사는 단순히 보장만 있는 것이 아니었습니다. 보장자산과 금융

자산이 함께 **공존**하는 것이었습니다. 고객이 낸 보험료가 어떤 상품에 가입했는지에 따라 그 안에 적립**의** 기능이 2배 이상으로 만들어 주는 기능도 있었습니다. 시간이라는 도구를 활**용**해 은행보다 훨씬 더 좋은 조건으로 노후에 활**용**하는 상품도 있다는 것을 알게 되었습니다. 은행은 언제든지 돈을 넣다가 뺄 수 있지만, 보험회사에는 납**부** 중에 꺼**내**려면 손실이 따르는 단점이 있습니다. 납**부**가 완료되는 시기까지 **내**야 하는 조건이 따릅니다. 그래서 처음 **내**가 원한 금액이 만들어지는 구조고, 막상 완납되면 큰돈이 되는 구조입니다. 완납 후 많은 분**의** 답은 그 돈을 모을 줄 몰랐다고 이야기하시는 걸 들었습니다. 보험이라는 구조가 고객님**의** 꾸준함을 도와준 제도고 도구라고 설명해 드렸습니다. "보험회사가 다 사기꾼은 아니죠?"라고 질문도 하며 함께 웃었습니다. 8년 전에 매달 70만 원씩 **내**는 종신보험에 가입했었습니다. 12년 납으로 무리하게 가입했다고 걱정했습니다. 12년을 언제 하려나 했습니다. 4년 남았습니다. 1억이라는 큰돈이 생겼습니다. 완납한 1억을 20년 뒤에 금액을 연금으로 사**용**하려고 계획했습니다. 적은 돈은 단기에 큰돈은 장기에 묶어 두는 복리**의** 법칙을 많은 분에게 경험으로 알리고 싶었습니다.

새벽 공부 후 짧은 글을 문자 메시지 전송으로 알리기 시작했습니다. 일주일에 한 번은 무조건 보냈습니다. 50명에서 시작한 문자 메시지 전송이 400명 이상이 되어 가고 있습니다. 새벽 문자를 받은 고객의 반응도 다양했습니다. 새벽 5시 문자에도 답을 하는 고객들이 늘어나기 시작했습니다. 고객 복이 있었습니다. 분야별로 글을 공유하고, 다양한 콘텐츠들로 소통하였습니다. 새벽 시간의 공부와 공유가 일상이 되고, 소득에도 변화가 일어나기 시작했습니다.

'착함'이라는 주제로 글을 기록해 고객에게 보내 드렸습니다. '누군가는 가만히 있는 것, 조용한 것, 참는 것을 착하다고 합니다. 착하다고 인정받기보다는 내 권리와 의무를 챙기는 사람이 되시면 좋겠습니다.'라고 글을 공유해 드렸습니다.

감사하다는 개인 연락을 받았습니다. 누군가에게 위로를 드리고 뿌듯함을 또 느끼고 싶었던 것 같습니다. 아침 글 모닝은 3년이 넘어가고 있었습니다. 답장을 주시는 분들도 늘어났습니다. 글이 위로를 줄 수 있다는 것을 배우게 되었습니다. 새벽 강의를 듣고, 공부하고, 고객에게 정확하게 안내하는 글쓰기가 재미나기 시작했습니다. 시도 때도 없이 글을 쓰기 시작했습니다.

회사에서 판매 여왕을 뽑는 기간이 있었습니다. 도전했습니다. 1차, 2차 전국에서 지원하는 도전이었습니다. 지금까지 공유했던 글과 나의 방식을 보고서로 만들어 제출했습니다. 입상하기 위해서 한 것은 아니지만 참여해야 하는 상황이었습니다. 지점에서 관심을 가진 사람 없었고, 한 부는 의무로 제출해야 한다고 들었습니다. 참가상은 준다고 해서 참여했습니다. 1차는 전국에서 7위로 150명의 고객을 추가로 배정받아 관리하는 설계가가 되었습니다. 다음 해, 또다시 도전했습니다. 이번에는 2등을 했습니다. 상품권과 상장이 수여되었습니다. 과정의 중요성이 결과를 만들었습니다. 작은 도전으로 생긴 성공에 대한 성취감이었습니다. 도전의 결과가 나를 위로했습니다.

 지금 와서 보니 남들과 같은 시간 해야 할 일들을 반복했던 것 같습니다. 나만의 방법을 찾고, 그것으로 누군가에게 도움을 주고자 실행했던 시간이었습니다. 글로든, 만남이든, 전화로든 내가 할 수 있는 모든 것들을 동원해서 알리고, 안내하고, 이해시켜 드렸습니다. 처음에는 오해가 더 많았습니다. 지속하는 시간은 '하주언'이라는 브랜드가 되었습니다. 사람들의 인식이 긍정으로 변하기 시작했습니다. 3년 동안 문자로만 연락드리던 고객과 통화하고, 만나고, 계약이 성사되기도 했습니다. 고객을 도우려는 행동이 성장과 발전을 가져다주었습니다. 관계의 중요성을 알게 되었습니다. 관계는 한번에 이루어지지 않고 반드시 시간이 필요하다고 경험으로 알게 되었습니다. 2025년에 연도 대상을 시상하게 되었습니다. 믿어 주신 분들께 진심으로 감사드리며, 더욱 성실히 매일 공부하겠습니다.

첩과 살아온 39년

이선희

회사는 첩입니다. 본 마누라를 두고 첩과 가까이하는 남편을 고발합니다. 남편과 함께 산 지 벌써 39년. 남편은 회사라는 '첩'을 무척이나 사랑합니다. 어제는 모처럼 전화를 했습니다. 의기양양한 목소리로 "오늘 집에 온다."라고요. 어이없지만, 그래도 오랜만에 들어오는 남편이기에 반갑게 맞이했습니다. 약간 정리되지 않았던 집 안을 치우고, 구석구석 닦고 쓸었습니다. 가끔 오는 사람이라 손님 같습니다. 오고 싶으면 오고, 가고 싶으면 가는 바람 같은 사람이지요. 예전, 남편이 한창 비즈니스로 바쁘던 시절엔 새벽 신문과 함께 들어오기도 했습니다. 술집에서 전화하던 그의 뒤로 들려오는 여성의 목소리도 있었지요. 그땐 사업 접대라며 골프도, 술도 당연하게 여기던 시기였습니다. 사업가의 아내로서, 아침에 회사 간다고 나서는 남편에게 큰소리치지 못했고, 밤늦게 들어온 남편 붙잡고 바가지를 긁을 수도 없었습니다.

회사엔 시어머니와 시동생도 함께 있었습니다. 그분들 비위를 맞추기도 쉽지 않았습니다. 살얼음판 같았던 시간이었네요. 시동생과 함께 일할 땐 남편이 나가기만 하면 시동생이 남편과 나를 욕하곤 했지요. 그 서러움을 꾹 참고 함께 일했습니다. 우리 가족의 자영업을 9년간 도왔습니다. 회사가 안정기에 접어들고, 매출도 늘었습니다. 하지만 일은 함께하면서 의논은 없었습니다.

"아내는 일만 잘하면 된다."

대기업처럼 부인에게 회사 하나 떼어 주며, 책임지고 맡아서 운영해 보라고 한 적 없습니다. 저는 늘 잡무만 했습니다. 이것저것 막일만 했던 날들. 인정받지 못하는 그 시간 속에서, '나답게 살고 싶다'라는 갈망이 커졌습니다.

책을 좋아하는 제가 책을 읽기 시작했습니다. 서진규의 『희망의 증거가 되고 싶다』, 박형미의 『벼랑 끝에 나를 세워라』 같은 책을 읽으며, 저보다 더 힘든 이들의 이야기에 위로받았습니다. 그때부터 독서에 관심을 두기 시작했고, 막연하게나마 책과 관련된 일을 하고 싶다는 꿈을 꾸었습니다.

마흔이 되던 해, 시어머님 임종하시고, 시동생도 독립시켰습니다. 남편 돕던 일을 그만두고 독서와 공부를 시작했습니다. 물론 수많은 어려움이 있었습니다. 가장 반대하던 사람은 남편이었고, 사춘기 아들은 말 그대로 날뛰며 속을 썩였습니다. 그런데도 이미 시작한 일이기에 멈출 수 없었습니다. 글쓰기 자격, 독서 지도, 동화구연, 스피치 토론, KPC 전문 코치 자격까지 하나하나 쌓아 가며 결국 '자이언트 글쓰기 코치'가 되었습니다. 스피치는 청주 카네기, 크리스토퍼 리더십, 대전의 윤치영 스피치, 김근홍 스피치 토론 등 다양한 과정을 공부했지요. 스피치 고급 과정까지 밟다 보니 꿈이 생겼습니다.

'주부들이 이렇게 비싼 돈을 내고 배울 수밖에 없다면, 내가 배운 프로그램을 시에서 운영하는 도서관에서 무료로 해 보자.' 그때부터 저는 열정 있고 능력 있는 소통 트레이너가 되어 날아다녔습니다. 청주 중앙도서관에서 처음 스피치 과정을 열었습니다. 증평, 괴산, 제천, 청주 평생학습관, 청주대학교 등 다양한 장소에서 주부들과 만나 스피치를 보급했습니다. 그때 청주대학교에서 인원이 부족하면 남편이 회사 직원을 보내 주기도 했습니다. 그리고 지역사회교육협회 연구팀장을 할 때는, 남편이 열린 콘서트 뒤풀이 비용도 지불해 주었습니다.

지금 생각해 보면 '늘 회사밖에 모르던 사람, 회사가 첩이던 사람'이지만, 자신만의 방식으로 저를 도와주었지요. 그 덕분에 저는 많이 성장했습니다. 남편은 디딤돌이었습니다. 밖으로만 도는 사람 같았지만, 사실은 가족을 위해 생존 방식으로 일했던 것입니다. 얼마 전 남편이 말했습니다.

"나도 이제 10년은 내가 하고 싶은 것 하고 싶어."

그 말을 듣고 깜짝 놀랐습니다. 남편도 하고 싶지 않은 일을 오래 해 온 것이었습니다. 그 사람도 자기가 살고 싶은 대로 산 것이 아니고 생존을 위해 살아낸 세월이었지요. 그렇게 바람 같은 사람과 39년을 살았습니다. 기업가로서 열정을 가진 그는 사출이라는 제조업 한 가지 직업으로 살아왔습니다. 시련과 고통의 시간을 거쳐 지금도 큰아들이 그 일을 맡을 수 있도록 뒷받침하고 있습니다. 요즘처럼 제조업이 힘든 시대 삼부토건도 부도 위기라는 뉴스를 보며 남편의 뚝심을 다시 생각하게 됩니다. 남편은 본 마누라보다 회사를 더 사랑했지만, 그 덕에 우리 가족은 빚지지 않고 이만큼 살아올 수 있었습니다.

상대의 단점만 보기보다, 저도 부족한 점이 많은 사람임을 인정합니다. 저 역시 배워서 시집온 사람이 아닙니다. 중학교 이후 남편을 만나 고등학교, 충북대학교 경영학 박사 과정 수료까지 모두 뒤늦게 공부했습니다.

남편도 이해하고, 덮어 주며 지금까지 살아온 것, 쉽지 않은 일이었습니다. 타인의 신을 신어 보면 조금은 알아차리게 됩니다. 아직도 남편은 '남의 편' 같을 때도 많지만, 이해되는 만큼만 이해하며 살고 있습니다.

회사라는 첩을 둔 남편은 개천의 용이었습니다. 그리고 그 용과 함께 사는 아내는 외로웠습니다. 고독하지 않으려 오랜 세월 공부했습니다. 공부는 제 애인이었고, 지금도 평생 공부 중입니다. 약 25년 동안 취득한 자격증과 수료증만 50개가 넘습니다. 지금까지 공부할 수 있었던 원동력은 남편의 냉정함과 모르쇠 덕분이었습니다.

덕분에 저는 강해졌습니다. 한비야는 "내 인생의 8할은 바람 덕분"이라고 했지요. 저는 말합니다.
"내 인생의 8할은 남편 김종수 덕이다."
불편한 남편과 살아가는 이들에게 세 가지 제안 드립니다. 첫째, 현실을 직시하세요. 남편의 그릇이 이만한데, 더 많은 물을 담으려 하지 마세요. 사람마다 용도에 맞는 내용물이 따로 있습니다. 그 그릇만큼만 기대하세요. 둘째, 체념하세요. 아닌 부분을 바꾸려 애쓰지 마세요. 불행하지 않으려면 인정할 부분은 인정해야 합니다. 내가 집중할 수 있는 진인 사에 몰입합니다. 예를 들어, '사업은 잘하지만 가족에겐 불친절한 사람'이라면, 그게 그의 한계일 수 있습니다. 셋째, 기대하지 말고 기여하세요. 가족은 애증과 애정 사이입니다.

기대보다는 내가 기여하는 태도로 살아 보세요. 조금 덜 서운합니다. 알면서도 실천하기 어려운 것이 사람 마음입니다. 그럴 때는 자신과 대화해 보세요. 그리고 이렇게 말해 보세요.
"그럴 수도 있지."

초보 작가들의 글쓰기와 책 쓰기를 도와주며, 저처럼 경력 단절과 삶의 굴곡을 겪은 이들에게 용기를 전하는 역할을 하고 있습니다. 오늘은 해냄 4기 공저 작가들과 청주 홍덕구 송절동 투썸플레이스에서 만나 도움을 주었습니다. 매주 온라인으로 공부하지만, 오프라인에서도 함께 나눕니다. 그 모든 과정 속에서 알게 모르게 저를 도와준 사람은 남편입니다. 본 마누라보다 첩(회사)을 더 신뢰했던 남편이었기에 적지 않은 나이에 누군가에게 영향력을 주는 작가, '해냄 이선희'로 살아남을 수 있었습니다.

오늘은 회사가 첩인 남편을 고발합니다. 누군가 쪽지로 말했습니다.
"예쁜 첩이라 괜찮잖아요."
하지만 부처님도 돌아앉는다는 말이 있듯, 가끔은 질투 나고 속상합니다. 글을 쓰고 책을 읽으며 평생 공부한 세월 덕분에 본 마누라는 첩을 백번 이해하고 살고 있지만, 그래도 가끔은 이렇게 묻고 싶습니다.

"이제는 회사보다 우리 가족을 더 챙겨 주면 안 될까요?"

이마저도 작은 욕심일까요? 만약 생명이 6개월밖에 남지 않았다면, 우리는 어떤 것을 가장 후회하게 될까요.

배우는 것이
마음을 채우는 것입니다

권광택

　삼십이 넘도록 밤낮으로 일했습니다. 광고업과 페인트 도장업은 그 특성상 규칙적인 생활과는 거리가 멀었습니다. 고객의 요청에 따라 일정이 수시로 변경되고, 때로는 밤샘 작업도 불가피했습니다. 이런 불규칙한 생활 속에서도 틈틈이 책을 펼쳐 보려 했지만, 피로감과 시간 부족으로 인해 깊이 있는 학습으로 이어지기는 어려웠습니다. 더욱이 '이 나이에 팔자에도 없는 공부를 해야 하는지' 자문하며, 늦은 나이에 학업을 시작하고 싶은데 자신감도 부족했습니다. 그러나 내면 깊은 곳에서는 항상 배움에 대한 갈증이 있었습니다. 초등학교만 졸업한 채 중단되었던 정규 교육의 끈을 다시 이어 가고 싶은 열망이 점차 커졌습니다. 몇 년의 고민과 망설임 끝에, 마침내 용기를 내어 검정고시 원서를 제출했습니다. 시험장에 들어서자 나와 비슷한 처지인 사람들이 많이 있음을 발견했습니다. 다양한 이유로 정규 교육을 받지 못했지만, 배움에 대한 열정만큼은 누구보다

강한 사람들이었습니다. 우리는 서로를 격려하며 이 도전적인 여정을 함께했습니다.

시험을 치르고 결과를 기다리는 시간은 길고도 초조했습니다. 마침내 발표된 결과에서 중학교 과정 검정고시에 평균 60점을 간신히 넘겨 합격했다는 소식을 들었을 때의 기쁨은 말로 표현하기 어려웠습니다. 그것은 단순한 시험 합격 이상의 의미가 있었습니다. 늦게나마 중단되었던 교육의 끈을 다시 잡고, 새로운 가능성을 향해 첫걸음을 내딛는 순간이었습니다. 검정고시 합격 이후 십여 년의 세월이 흘렀습니다. 그 기간 나는 끊임없이 일했고, 밤낮으로 일한 덕분에 조금씩 저축을 늘려 마침내 사업을 시작할 수 있는 종잣돈을 마련했습니다. 오래전부터 계획해 왔던 채석장 사업을 시작했습니다. 그 과정은 절대 순탄치 않았습니다. 경험 부족으로 인한 시행착오, 자금 부족으로 인한 불안정한 경영 상태, 예상치 못한 문제들이 연속적으로 발생하여 밤잠을 이루지 못하는 날들이 많았습니다. 점차 사업은 조금씩 안정을 찾았고, 관련 업종인 아스콘회사까지 설립하는 등 사업 영역을 확장해 나갔습니다. 이러한 사업적 성장은 물질적인 안정을 가져다주었지만, 내면의 배움에 대한 갈증은 여전히 해소되지 않았습니다.

43세가 되던 해, 나는 다시 한번 큰 결심을 하게 됩니다. 고등학교 과정 검정고시를 준비하기 위해 학원에 등록한 것입니다. 시험 날짜가 다가올수록 마음이 급해졌습니다. 특히 영어와 수학은 큰 약점이었습니다. 고민 끝에 과외 선생님을 찾기로 했습니다. 큰딸과 나이 차이가 많이 나지 않는 청년을 과외 선생님으로 모시고 일주일에 두 번, 매회 두 시간씩 개인 지도를 받기 시작했습니다. 이른바 '소나기 공부'처럼 단기간의 집중 학습으로 큰 성과를 기대하기는 어려웠지만, 현실적으로 이것보다 더 나은 방법은 없었습니다. 이러한 자세로 한 시험 결과, 가까스로 합격이라는 기쁜 소식을 받았습니다. 44세에 얻은 고등학교 과정 검정고시 합격증은 그 어떤 상장보다 값진 것이었습니다. 검정고시 합격 이후에도 사업은 계속해서 성장했습니다. 레미콘회사를 추가로 설립하여 가동에 들어갔고, 건설업도 병행하게 되었습니다. 특히 아스콘과 레미콘 사업에 필요한 주재료인 골재를 자가 채석장에서 직접 생산할 수 있다는 점은 타사와의 경쟁에서 큰 이점으로 작용했습니다. 수직 계열화를 통한 원가 경쟁력 확보는 사업의 안정적인 성장을 뒷받침했습니다.

사업을 시작한 지 만 10년이 되던 해, 우연히 지역 신문에서 충청대학교가 산업체 위탁 과정을 개설한다는 광고를 보게 되었습니다. 이는 직장인들이 일과 학업을 병행할 수 있도록 특별히 마련된 프로그램이었습니다. 이 기회를 놓치지 않기 위해 고민 없이 등록을 결정했습니다. 오리엔테이션을 시작으로, 대학 생활은 생각보다 훨씬 바쁘고 도전적이었습니다. 시간에 쫓겨 저녁 식사도 제대로 하지 못하고 수업에 참석하는 경우가 많았습니다. 같은 과정에 등록한 대부분 학생이 직장과 학업을 병행하며 비슷한 고충을 겪고 있었습니다. 2년간의 과정 동안 우리는 서로에게 큰 힘이 되어주었습니다. 충청대학교 산업체 위탁 과정을 성공적으로 마친 후, 나는 더 높은 단계의 교육을 향한 도전을 멈추지 않았습니다. 충북대학교 경영정보학과에 편입하기 위해 원서와 성적증명서를 제출했습니다. 면접관들은 내가 늦은 나이에 공부를 시작하게 된 동기와 지금까지의 학습 과정에 관해 물었습니다. 나는 진심을 담아 내 이야기를 들려주었습니다. 교육의 기회를 놓친 아쉬움, 끊임없는 자기 계발에 대한 열망 그리고 실무 경험과 이론적 지식을 결합하고자 하는 의지를 솔직하게 표현했습니다. 며칠 후, 기쁜 소식이 전해졌습니다. 충북대학교 경영정보학과에 합격한 것입니다.

첫 수업에 들어섰을 때의 감정은 말로 표현하기 어렵습니다. 젊은 학생들은 나의 사회 경험과 실무 지식에 호기심을 갖고 질문을 던졌고, 그룹 과제에서도 내 의견을 진지하게 경청했습니다. 교수님들 역시 예외는 아니었습니다. 나의 늦은 학업 시작을 높이 평가하며, 학업과 사업을 병행하는 상황에 많은 배려를 해 주셨습니다. 아침 일찍 회사에 출근하여 중요한 결재와 작업 지시를 마친 후, 서둘러 학교로 향했습니다. 9시 수업 정시에 도착하거나 때로는 5-10분 정도 늦기도 했지만, 최대한 수업에 충실히 참여하고자 노력했습니다. 바쁜 일정 속에서도 학업에 대한 열정은 계속되었습니다. 충북대학교를 졸업한 후에는 더 높은 수준의 교육을 위해 고려대학교 경영정보대학원 석사 과정에 입학했습니다. 쉽지 않은 선택에 고통이 동반했지만, 마침내 석사 학위를 받았습니다. 그 영광스러운 순간은 내 인생에서 가장 자랑스러운 기억 중 하나가 되었습니다.

학업과 사회 활동의 경험은 예상치 못한 곳에서 새로운 기회로 이어졌습니다. 어느 날, 청주대학교에서 수년 동안 경영학 강의를 해 온 류지헌 사장으로부터 흥미로운 제안을 받았습니다. 최근 대학들이 이론뿐만 아니라 실무 경험이 풍부한 강사를 찾고 있으며, 내 경험과 학문적 배경이 학생들에게 큰 도움이 될 수 있다는 내용이었습니다. 이 제안을 받고 모교인 충청대학교의 윤명숙 교수님께 연락을 드렸습니다. 교수님은 내 제안을 환영하시며, 강의를 시작할 수 있도록 도움을 주셨습니다. 학생이 아닌 강사로서 대학 강단에 서게 된다는 것은 전혀 예상치 못한, 새로운 도전이었습니다. 하지만, 교수법을 제대로 알지 못하는 나로서는 걱정이 태산이었습니다. 그러나

'배운다는 생각'으로 이 도전을 받아들였습니다. 이 모든 과정은 내게 새롭고 도전적인 경험이었습니다. 내가 맡게 된 과목들은 '기업가 정신', '중소기업론', '경영전략' 등이었습니다.

　나의 경험을 통해 깨달은 것은, 배움에는 늦은 나이도, 불리한 환경도 큰 장애가 되지 않는다는 점입니다. 진정한 의지와 열정 그리고 효과적인 시간 관리가 있다면 어떤 어려운 도전도 극복할 수 있다는 것입니다. 배움의 여정은 결코 끝이 없습니다. 학위를 취득하고 강단에 서게 되었어도 나는 여전히 학습자의 자세로 새로운 지식과 경험을 쌓아 가고 있습니다. 이것이 바로 '배우는 것이 마음을 채우는 것'이라는 말의 진정한 의미일 것입니다. 풍요롭고 의미 있는 삶을 위한 가장 확실한 길은 바로 끊임없는 배움과 성장에 있다고 믿습니다.

3장

평생 배움은 자격을 갖추는 일입니다

두려움 너머엔 내가 있었다

정영미

'난 청주에서만 살 거야.' 그렇게 생각하며 37년을 살았다. 청주를 떠나는 것이 싫었다. 그래서 청주에서 학교를 다녔고, 청주에서 취업했으며, 청주에 사는 남자와 결혼했다. 여행조차 즐기지 않았다. 청주를 벗어난다는 것이 두려웠다. 우물 안 개구리처럼 청주에서만 살아왔다. 그런데 38살이 되던 해, 처음으로 청주를 떠날 용기가 생겼다.

강사로서 자격이 부족하다고 느끼면서도 강사라는 직업에 대한 열망은 있었다. 어떤 길로 어떻게 나아가야 할지 알 수가 없었다. 2004년 동화구연에 접목하려고 연극 수업을 듣게 되었다. 이익주 선생님은 모스크바에서 연극연출을 전공한 분이었다. 기존에 내가 들었던 수업과는 방식이 전혀 달랐다. 동물원에 직접 가서 동물의 움직임을 관찰하고 몸으로 표현하게 했다. 대사를 외우지 않고 주어진 상황을 연극으로 발표하게 했다. 처음 들을 때 '이게 수업이야?'라는 생각이 들며 뭔가 좀 이상했다. 그런데 차시가 진행될수록 연극 수업에 빠져들었다. 몸으로 표현하니 이해가 되며 오롯이 내 것이 되는 것 같았다. '그래, 바로 이거야. 연극을 배우는 거야.'라고 생각했다. 이익주 선생님께 연극을 깊이 배우고 싶다고 말씀드렸다. 선생님은 서울 〈사다리연극놀이연구소〉 연극놀이 수업을 추천해 주셨다.

1년의 과정은 너무 길고 도전할 엄두가 나지 않았다. 그래서 단기간 진행되는 연극놀이 과정을 찾아 신청했다. 며칠 후, 수강생이 모집되지 않았다며 취소되었다. 강좌가 열리지 않아 서울에 가지 않아도 된다는 사실이 다행스럽게 느껴졌다. 얼마 후, 〈사다리연극놀이연구소〉에서 연극놀이 전문지도자 1년 과정이 개설되었다. 면접을 통해 수강생을 모집한다고 했다. 나에게 청주를 떠난다는 것은 큰 도전이었다. 하지만 지난번 신청했던 것이 취소된 후, 다시 신청했더니 그사이 용기가 생겼다. 나한테 있는 옷 중 가장 정장다운 옷을 입고 남편과 함께 서울로 향했다. 면접 내내 두근거렸다. 마치 취업 면접을 보는 것처럼 긴장되었다. 그리고 합격했다. 너무 좋았다. 나에게 청주를 떠날 용기가 생겼다. 그냥 해 보는 것이다.

주 2회, 저녁 7시부터 10시까지 진행되는 1년 과정 수업은 쉽지 않

은 도전이었다. 그때 딸과 아들은 초등학교 3, 4학년이었다. 남편이 "서울로 연극놀이 배우러 다녀 봐." 하고 허락한 일이었다. 그런데 갑작스럽게 남편이 중국 공장으로 파견 근무를 가게 되었다. 어렵게 용기 내서인지 연극놀이를 배우고 싶은 마음이 너무 컸다. 부모님께 아이들을 돌봐 달라고 부탁했다. 아이들한테 화요일과 목요일마다 외갓집에 가 있으라고 했다. 그러나 아이들은 집에 있겠다고 했다. 부모님은 저녁마다 우리 집에서 주무시면서 아이들을 돌보는 것은 어렵다고 하셨다. 결국, 할머니와 할아버지가 저녁을 챙겨 주고 가면 둘이 지내기로 했다. 하지만 새벽 1시에 서울에서 돌아올 때까지 아이들은 잠을 자지 않고 기다렸다. 그러다 엄마가 무엇을 배우는지 궁금하다며 직접 수업을 따라와 구경하기로 했다. 아이들은 수업 내내 공간을 이리저리 돌아다녔다. 나는 아이들의 돌발적인 행동에 난처했다. 수업하는 강사님과 함께 수강하는 분들께 미안했다. 그래서 더 열심히 했다.

어느 날, 청주로 돌아오는 버스표를 예매하지 못한 채 터미널로 갔다. 금요일이라 모든 표가 매진이었다. 빈자리가 있길 바라며 승차장에서 줄을 서서 기다렸다. 결국, 타고 갈 좌석이 없었다. 집에서 자고 있을 아이들이 혹시 새벽에 깨어 엄마가 없다는 걸 알게 되면 얼마나 놀랄까 걱정되었다. 주무시고 계실 부모님께 집에 가 달라고

도 할 수 없어 결국 택시를 타고 내려가기로 했다. 한밤중에 달리는 택시는 마치 총알처럼 질주했다. 손잡이를 꽉 잡고 오는 내내 불안에 떨었다. 1시간 남짓한 시간이 지나고 나서야 집 앞에 도착했다. '이건 목숨을 건 행동이었다' 하며 그제야 안도의 한숨을 내쉬었다. 나는 그렇게 연극과 하나가 되었다. 어렵게 서울을 오가며 연극놀이를 배웠다.

1년 동안 배운 연극놀이 지도자 과정은 내게 많은 변화를 가져다주었다. 청주에 연극놀이를 알리고 싶어졌다. 유치원 아이들과 동화 연극놀이 수업을 시작했다. 강사로 성장하는 과정에서 나는 다양한 기관의 교육도 수료하며 자격을 갖춰 나갔다.

더 재미있는 수업을 하고 싶었다. 그래서 레크레이션 강좌를 찾아보았다. 강좌를 들을 만한 마땅한 곳이 없었다. 대신 실버레크레이션 과정을 수강했다. 중학교 동창이 운영하는 요양원에서 어르신들을 위한 프로그램을 제안했다. 동화구연과 노인 실버레크레이션을 접목해 나만의 프로그램을 만들어 진행했다. 어르신들이 재미있게 참여해 주셨다. 나는 그 과정에서 '하면 된다, 할 수 있다'는 긍정적인 반응을 얻었다.

재미있는 수업에 대해 아쉬움은 계속 있었다. 유머 강의도 배워 보고 싶었다. 청주에서 유머를 강의했던 최규상 소장님과 우연히 카카오톡으로 소통하게 되었다. 양평까지 직접 찾아가서 뵙고 유머를 배우고 싶다고 했다. 소장님은 줌을 활용한 유머 강의를 열어 주셨다. 덕분에 이동 시간을 절약할 수 있었다. 4주 동안 유머 공식을 배웠다. 하지만 실전에서 연습의 부족함을 느꼈다. 공식을 바탕으로 100개 유머를 찾아 나만의 이야기로 만들었다. 그러나 유아들과 소통할 때는 유머가 통하지 않았다. 어린이들은 우리말을 배우는 단계에 있기 때문이다. 어린이들은 내가 하는 표정, 말투, 행동에 아낌없는 웃음을 준다.

배우고 싶다면 배우는 것이 중요하다. 그것을 잘하기 위해서는 끊임없는 연습이 필요하다. 나에게는 영양사, 한식조리사, 양식조리사 자격증이 있다. 30년 동안 음식과 요리에 관심 없이 살았다. 그래서 잘하지 못한다. 자격증은 기본적인 지식을 제공할 뿐이다. 실력은 이후의 노력에 달려 있다. 운전면허를 따고 운전을 하지 않으면 결국 운전할 수 없는 것과 마찬가지다.

동화구연 자격증을 취득한 것이 동화구연을 시작하는 발판이 되었다. 동화구연 수업을 하면서 주입식 교육이 아닌, 아이들이 자유롭게 표현할 방법을 찾기 위해 연극놀이를 접목했다. 그리고 더 재미있고 효과적인 수업을 위해 인형극, 레크레이션, 유머까지도 접목했다. 지속적인 학습과 경험을 통해 자신만의 전문성을 발전시키는 것이 중요하다는 것을 깨달았다. 나는 이제 청주만이 아닌 더 넓은 세상을 향해 나아가고 있다.

새로운 호기심을 가지고 배움을 두려워하지 않아야 한다. 도전하고 실천하면 우리는 원하는 모습으로 성장할 수 있다. 나는 작은 세상을 넘어 더 넓은 곳으로 나아가고 있다.

독서로 바꾼 나의 삶

이은진

 책은 수면제였다. 잠을 자기 위한 준비 운동이다. 1년에 1권 읽을까 말까 했다. 책 읽는 것보다 예능, 드라마 시청하기로 TV 채널을 돌려 가며 보내는 시간이 많았다. 책을 펴면 왜 이리 졸음이 쏟아지는지, 말똥말똥했던 눈이 흐릿해지고 피곤해진다. 책이 어른인가? 고개는 책을 향해 꾸벅거린다. 실내 장식 소품처럼 여겼던 책들, 한쪽 벽을 책으로 가득 채우면 멋질 거라고 생각했다. 책 읽기는 싫어했지만 책 둘러보는 건 좋아 서점에 가는 걸 좋아했다. 책 향기가 좋았다. 신간 인기 상품 판매대에 있는 책을 주로 둘러보았다. 내용도 모르면서 겉표지가 멋져 보여서 책을 샀다. 일단 사서 책장에 꽂아 두었다. '언젠간 읽겠지!' 한다. 지금까지 안 읽은 책도 많다. 책장을 꾸미는 장식품이었다. 우아한 내가 되고 싶었다. 겉만 그럴듯하게 보이는 지적인 허영을 부렸다.

2020년 6월, 일하는 주부에서 주부 백수가 되었다. 온라인 독서 모임에 참여했다. 쉬는 동안 그냥 놀고 싶지 않았다. 자기 계발 하면서 성장하고 싶었다. 많은 사람이 자기 계발을 한다. 첫 번째 방법이 독서다. 독서 모임에 참여한 나만의 이유가 있다. 혼자 읽다가 포기할까 봐 모임에 참석했다. 함께의 힘이 있다.

퇴사하기 전 마지막 근무는 야간 근무였다. 개운할 줄 알았는데, 마음이 뒤숭숭했다. 근무 중 잠깐 짬이 나서 인터넷을 했다. 온라인 독서 마라톤 프로젝트를 모집하고 있었다. 1초의 고민 없이 신청했다. 6월 1일부터 카카오톡 오픈 채팅방과 네이버 카페에서 모임은 시작되었다. 한 달 동안 4권의 책 읽는다. 지정 도서 1권, 자유 도서 3권이다. 지정 도서는 오프라인 모임으로 구성원들과 깊은 대화를 하며 독서 토론을 진행하는 책이다. 매월 분야가 다른 책을 모임 리더가 정해 준다. 자유 도서는 내가 읽을 책을 자유롭게 3권 정하면 된다. 4권 중 3권은 읽고 서평을 작성해야 한다. 4권 모두 읽어야 한다. 매일 30페이지를 읽고, 읽은 부분은 내용을 정리해서 사진 찍어 인증하면 된다. 모든 임무를 완수하면 벌금 안에서 모바일 상품권 보상 지급을 한다. 보상받고자 모든 임무를 달성하고 싶었다. 내 인생의 첫 독서 모임이었다. 책 읽은 부분을 기록하고 서평 작성에 독서 토론까지, 모든 것이 처음이었다. 처음이다 보니 시간은 오래 걸

렸지만 재미있었다. 혼자 읽는 것보다 의미가 있다. 시작은 어설펐다. 처음에 했던 서평은 초등학생 수준에 불과했다. 읽기조차 부끄러운 수준으로 꽁꽁 숨기고 싶다. 임무를 완수하고 싶어서 열정적으로 참여했다.

1년간 독서 마라톤 모임을 지속했다. 역사, 소설, 경제, 수필, 문학 등 다양한 분야의 책을 접했다. 한 달 3~4권 읽었다. 1년에 책을 50권 정도 읽었다. 흥분되고 신났다. 책이 좋아지기 시작했다. 지식의 폭이 넓어졌다. 생각의 폭과 깊이도 넓어졌다. 서평 작성도 수월해졌다. 글쓰기 실력도 상승했다. 무엇보다 책 읽기의 재미, 독서 습관이 생겼다. 어디를 가든 가방 속에 책 1권은 넣고 다닌다. 가방에도, 식탁에도, 여행지에서도 책과 함께한다. 틈만 나면 독서한다. 요즘은 출퇴근 버스에서 책 읽는 재미가 있다. 다른 사람은 핸드폰에 정신이 빼앗겨 있다. 핸드폰에 빠진 사람들 속에 책 읽는 내가 자랑스럽다.

책 읽기를 시작하면서 블로그도 시작했다. 꾸준히 기록하니 독서 기록 100개의 글이 쌓였다. 독서 기록뿐 아니라 모든 일상 글감이 되었다. 무엇을 써야 할지 고민이었는데, 일상 글쓰기를 배우고 삶에서의 소재가 많다. 내가 독자에게 전하고자 하는 글은 무엇일까 고민하게 되었다. '나의 모든 걸 기록해야지'에서 기록하고 싶은 걸 떠올리며 기록하게 된다. 업무도 기록하기 시작했다. 나만의 글 색감은 무엇일까? 블로그의 방향성에 고찰해 본다. 일상의 기록과 더불어 간호사 일기를 쌓아 가고자 한다. 특별하지 않은 나의 일상 기록을 지속하며 특별한 나로 자라고 있다.

집 안 살림도 단순하게 하고 싶어 미니멀 라이프에 관심을 두게 되었다. 관련 도서를 읽고 실천했다. 복잡한 삶에서 단순한 삶으로 변화하고 있다. 내가 통제할 수 있는 범위다. 비우면서 채워지고 풍만해지는 삶을 경험하고 있다. 고민이 있다면 관련 책을 찾아보려 한다. 새로운 분야의 책 10권만 읽어도 원하는 방법을 찾을 수 있고 새로운 분야의 전문가가 된다. 다른 사람들의 조언도 좋지만, 책이 건네는 문제 해결 방법이 더 신뢰가 있다.

수원에서 살다가 남편의 갑작스러운 발령으로 인해 청주로 이사 오게 되었다. 강아지와 집 앞 공원 산책하던 중 새로 생긴 동네 서점 시트북 스토어를 구경했다. 서점은 2층에 있다. 1층에서 2층으로 올라가는 계단 옆 벽보에 붙어 있는 시트북 스토어 독서 모임 모집 포스터가 보인다. 월 1회 모이고, 코칭 선생님과 함께한다. 한 달에 한 권 책을 읽고 독서 토론을 한다. 온라인 독서 모임이 끝나고 해야 할 게 많아져 독서는 우선순위에서 뒷전으로 밀려 있던 찰나였다. 짬짬이 책을 읽었지만 깊이 있는 독서는 못 했다. 월 1회, 책 1권 깊이 있게 읽고 독서 토론을 하고 싶어 합류했다. 지금까지도 지속 중이다. 시트 북 독서 모임을 시작한 지도 1년이 되어 간다. 독서의 수준이 향상되었다. 온라인 독서 모임 독서 마라톤 프로젝트와의 차이가 있다. 독서 마라톤 프로젝트는 매일 30페이지 독서 습관을 갖게 하고 매월 3~4권 읽어야 하고 점차 강제성으로 느껴졌다. 시트 북 독서 모임은 강제성이 없어 즐거운 독서를 하게 되었다. 독서와 토론에서 끝나는 게 아니라 글쓰기와 스피치 능력도 좋아졌다.

간호사의 업무상 인수인계는 필수적이다. 인수인계는 신속하고 정확한 전달이 필요하다. 다음 근무 번이 일하기 수월하게 정확한 전달을 해야 한다. 그런 면에서 나는 신속하고 정확한 인수인계를 하는 편이다. 현재 근무하는 병원에서 유연한 능력자로 인정받고 있다. 독서의 힘이 작용했다. 환자, 보호자에게 조리 있는 설명을 하거나 인수인계를 고민하는 후배 간호사들에게 책을 읽으라고 조언해 주고 있다.

오늘의 독서는 내일의 지혜다. 매일 쌓아 가는 독서의 시간은 보이지 않게 나를 성장시킨다. 책 속의 지식과 경험은 삶의 선택과 판단을 더 깊이 있게 만들어 준다. 어제의 내가 읽은 문장이 오늘의 나를 바꾸고, 내일의 나를 더욱 단단하게 만든다. 꾸준히 읽는다는 건 곧 미래를 위한 지혜를 준비하는 일이다. 바쁜 일상이라도 항상 책과 함께한다. 여행을 가든, 출근하든 항상 책을 갖고 다니며 책 읽기를 우선순위에 둔다. 책을 통해 현명한 문제 해결을 한다. 책을 읽고, 쓰고, 삶을 지속하기 위해 오늘도 글을 쓴다.

새로운 일에 도전장을 내밀다

김선자

  태어나서 처음으로 새로운 일을 시작했습니다. 아이들과 함께하는 것 이외에 주간 보호센터에서 예전에 배워 놓은 종이접기 자격증으로 자원봉사를 한 일이 전부인 나였습니다. 딸이 고등학교 3학년 수능이 끝나고 나니 살이 많이 쪘습니다. 몸무게를 재어 보지는 않았는데, 청바지를 보니 허벅지 안쪽 면이 많이 닳아 있었습니다. 매일 체육복을 입고 있어서 살찐 것이 눈에 띄지 않았던 것입니다. 그때쯤 나도 살이 쪄서 다이어트에 관심을 갖게 되었습니다.

  때마침 남편이 소영이가 살찐 것을 염려하면서 어떻게 할 것인지를 물어보았습니다. 친하게 지내던 동생을 오랜만에 만났는데 "언니, 나 살이 엄청 많이 빠졌는데 사람들이 자꾸 물어봐서 내가 누구를 소개해 줬더니, 내 통장에 돈이 많이 들어왔어."라고 말했습니다. 나는 살이 빠졌다는 말에 눈을 동그랗게 뜨면서 "그게 뭐야?"

하고 바짝 다가앉았더니 세포 이야기를 해 주었습니다. 세포는 고등학교 다닐 때 생물 시간에 들은 것이 전부였습니다. 들어도 무슨 이야기인지 모르겠고, 다만 살이 많이 빠졌다는 것에만 집중이 되었습니다.

나는 아무 생각 없이 남편에게 곧바로 전화해서 "자기야, 소영이 살 빼는 데 드는 비용이 198만 원이래. 경은이가 살을 빼서 예뻐졌어. 우리 소영이랑 나도 먹고 뺄 수 있을 것 같아. 엄청 쉽다고 해. 카드 번호 불러 줘."라고 했습니다. 남편은 두말도 하지 않고 카드 번호를 불러 주었습니다.

3일이 지나서 커다란 상자에 택배가 도착했습니다. 여러 가지 작은 상자들이 가득 담겨 있었습니다. 그런데 택배를 받고 보니 "에계, 198만 원이나 들였는데 이렇게 조금밖에 안 돼?"라면서 속으로 '네가 속았나?' 하는 생각이 들었습니다. 제품을 받고 보니 괜히 귀가 얇아서 허튼돈을 쓴 것 같은 느낌도 들었습니다. 하지만 기왕 산 거 경은이를 믿고 잘해 보자며, 딸과 파이팅을 외치며 다이어트를 시작했습니다.

온종일 '세포 밥'이라고 하는 쌀 추출물을 물에 타서 먹는 것이었습니다. 물에 탄 것을 보니 초록색이라 맛이 없을 것 같았습니다. 어려서부터 처음 보는 음식을 잘 먹지 못해서, 눈살을 찌푸리며 꿀꺽 한입 먹고는 입에 물고 있었습니다. 누룽지 맛이 났습니다. 생각보다 먹을 만했습니다. 벌컥벌컥 500㎖나 되는 것을 한번에 쭉 마셨습니다. 딸은 내가 먼저 먹고 나면 먹는다고 나만 바라보고 있었습니다. 내가 먹는 것을 보고는 따라서 마셔 봅니다.

"우웩!"

딸은 맛도 없고 냄새도 난다며 인상을 씁니다. 나는 "예뻐지는 것은 쉬운 일이 아니야. 엄마랑 같이 군살을 빼서 예쁜 옷도 입고 맛있는 것도 먹자." 하면서 응원도 했습니다.

나는 딸과 함께 서로를 응원하면서 배고픔도 참고, 씹고 싶은 욕구도 눌러 가며 21일의 셀톡스를 했습니다. 매일 체중계에도 올라가고 "오늘은 1kg이 빠졌네." 하며, 서로 몸무게가 빠지는 기쁨도 느꼈습니다. 21일만 지나면 먹고 싶은 것을 모두 먹을 수 있으리라는 생각에 부풀어 있었습니다. 경은이가 전화했습니다. "언니, 21일 셀톡스 참 잘했어. 소영이도 너무 기특하다. 내가 소영이 선물도 줘야겠네."라고 합니다. 나도 나 자신과 소영이가 21일을 잘 견뎌 냈다는 사실이 뿌듯했습니다. 그런데 경은이는 "언니, 지금부터는 언니가 아기처럼 속이 비어 있는 거니까 아기들이 모유 먹다가 처음 음식 먹기 전에 이유식 하듯이 언니도 보식해야 해."라고 합니다. "보식이 뭔데?" 물었더니 미음부터 익힌 채소를 먹어야 한답니다. 순간 먹을 준비를 하고 있던 마음이 와르르 무너지는 느낌이었습니다.

"끝난 줄 알았던 다이어트가 계속되어야 하는구나."

딸도 나도 힘이 쭉 빠졌습니다. 그러나 기왕 시작한 것 끝까지 잘해 보자는 마음으로 우리는 보식을 했습니다.

보식이 끝나고 몸무게를 재어 보니 나는 8kg이 빠졌고, 딸은 정확하게 공개는 안 해서 언뜻 보았는데 13kg이 빠졌습니다. 우리는 가벼워진 여자로 살고 있습니다. 다이어트가 성공적으로 끝나고 나니 이 일을 나도 해 봐야겠다는 생각이 들었습니다. 나는 다이어트뿐만 아니라 알레르기 비염과 피부 알레르기가 사라진 것을 알았기 때문입니다.

저는 제품에 대해 더 많이 알고 배우고 싶어 사무실에 세미나만 있으면 달려갔습니다. 매일 듣고 배워도 모르는 것투성이였습니다. 어느 날은 체험한 것을 많은 사람 앞에서 나누어 주라고 합니다. 나의 체험을 듣고는 사람들이 신기해합니다. 어떤 날은 나에게 꿈을 물어봅니다. 내가 어떤 꿈이 있었는지 생각하며 꿈은 어른이 되어도 꿀 수 있다는 것을 배웠습니다.

주변 지인들이 나에게 물어봅니다.

"선자야, 너는 어떻게 해서 살을 많이 뺐니?"

처음에는 전문가를 소개해 준다며 후원자님을 연결해 주었습니다. 후원자님의 이야기를 들은 사람들은 금방 제품을 달라며 사인합니다. 나는 또 배웁니다. 후원자님의 말과 이야기를요. 그러던 어느 날 어르신 한 분이 제품을 드시고 호전 반응으로 힘들어하셨습니다. 정확하게 알지 못하는 저는 알고 있는 지식을 모두 동원해도 답이 나오지 않았습니다. 당황스럽고 손과 등에서 땀이 나고 머릿속은 하얗게 되어 나의 뇌가 엉켜 버리고 말았습니다. 재빠르게 후원자님을 연결해서 후원자님의 손을 빌려 해결해 냈습니다. 나는 크게 깨달았습니다. 아무리 좋은 제품이라도 정확하게 알고 우리 몸에 대해 알아야 한다는 것을요. 다른 사람의 인생을 내가 책임지는 일이라는 것 말입니다.

때마침 다이어트 코치 수강이 열렸습니다. 돈이 들어가더라도 정확하게 우리 몸을 알고 제대로 돌봐야겠다는 생각으로 등록했습니다. 오전 10시부터 저녁 6시까지 점심시간 한 시간을 빼고 꼬박 앉아서 강의를 들었습니다. 이틀을 듣고 나니 우리 몸에 관한 생각이 많이 바뀌었습니다. 몸이 건강해진다는 것은 몸 전체가 하나여서 서로 연결되어 있다는 것을 깨달았습니다. 다이어트 코치 심화 과정까지 마치고 나니 많은 사람이 다이어트에 관심을 가지며 물어보곤 합니다. 다이어트에 관한 자격증을 가지고 있으니 나도 뿌듯하고, 전문인에게 다이어트를 관리받는다고 생각하는 분들도 믿음이 가는 것입니다.

앞으로도 나는 배우는 것을 게을리하지 않으려고 합니다. 배움으로 끝나지 않고 실천하고 행동하려고 합니다. 건강한 삶을 위한 여정은 결코 혼자가 아닙니다. 함께 나아가는 길입니다. 여러분도 자신을 사랑하고, 변화의 첫걸음을 내디뎌 보세요. 작은 변화가 여러분의 삶을 바꿀 수 있습니다. 다이어트 코치가 도와드리겠습니다.

도전하는 쾌감
라선경

 나는 겁이 참 많다.
 귀뚜라미가 뛰면 나도 뛰고, 바퀴벌레가 나타나면 소리 지르고 몸은 번갯불보다 빠르게 도망친다. 어릴 때 강아지에게 여러 차례 종아리와 엉덩이를 물렸다. 길을 가다 강아지를 만나게 되면 몸은 얼음이 되고, 강아지의 행동을 살피느라 표정은 두려움으로 가득하다. 강아지가 지나가야만 내 몸은 비로소 얼음 땡이 되어 가던 길을 간다.
 어릴 때는 부산 해운대 바위에서 떨어져 물에 빠진 적이 있다. 그 뒤로 수영을 배워서 트라우마를 극복하려고 했지만, 여전히 수영을 못한다. 아니, 아예 배우기도 싫다. 여수에 갔다가 사업자들과 보트를 탄 적이 있는데, 손잡이를 꼭 잡고 미친 듯이 소리를 질렀다. 좋아서 신나서 지르는 비명이 아니라 두려움에 빨리 멈추기를 바라는 마음에 소리 질렀는데 기사님은 묘기까지 부려 가며 나를 두렵게 했다. 물에 빠지면 나는 수영을 할 수도 없고, 구명조끼도 내 몸을 뜨게 할 수 없을 거라는 불안감에 안전하게 도착지에 다다르기만을 바라야 했다.

걱정과 두려움이 많은 내가 네트워크를 하면서 여러 가지 도전을 하기 시작했다. 네트워크 사업을 하며 인생 여행 프로모션으로 태국 여행을 갔다. 짚라인 타는 것을 도전했다. 대천에서 짚라인을 탄 경험이 있다. 두려움이 컸지만 막상 해 보니, 소리 한번 지르고 나니 별거 아니라는 것을 알게 되어 태국에서 짚라인 타기 도전도 선택했다. 약간의 줄타기도 있지만 아무렇지도 않다는 사전 답사를 한 회사 직원들의 말을 믿고 고민하다 사업자들과 같이 도전하게 되었다. 태국의 짚라인은 규모가 달랐다. 신이 났다. 소리 지르며 시원하게 긴 거리를 날아갔다. 그런데 웬걸! 생각지도 못했던 외줄 다리 건너기 코스가 나타났다. 마음속으로 괜히 했다는 후회감이 밀려왔지만 돌아갈 수도 없고, 포기할 수도 없었다. 먼저 도착한 사업자들의 응원을 받으며 콧물과 땀을 흘리며 잔뜩 겁에 질린 표정으로 부들부들 떨면서 속으로 해낼 수 있다는 나 자신을 응원하면서 끝까지 완주했다. 모든 코스를 마치고 함께한 우리는 극한 훈련을 끝내고 난 군인들처럼 얼싸안고 좋아했다. 의기양양한 모습이었다. 경험한 사람만이 아는 쾌감. 우리를 기다리던 사람들이 손뼉을 쳐 주었다. 그들은 이 불안 속에서 이룬 성취감을 모르리라. 그래서 '사람들은 액티브한 도전을 이 맛에 하는구나' 싶었다.

 2024년 4월, 단양 패러글라이딩에 도전했다. 나는 안 하겠다고 했지만, 도전을 아주 좋아하는 내 동생 후원자가 하자고 꼬시는 바람에 하게 되었다. 마음 한구석에는 함께하고 싶었기에 동생과 사업자들과 함께했다. 두려움과 호기심 가득한 마음으로 경험했고, 하늘을 날았다. 도전을 좋아하고 미친 끼 많은 후원자 나의 여동생 덕분에! 날아 보니 이제는 말할 수 있다.
 "별거 아니에요. 꼭 해 보세요. 엄청나게 신나요. 그러나 다시 하라면 못 할 것 같아요. 한 번의 경험으로 만족해요."
 그렇게 나는 용기 내서 도전하는 법도 네트워크를 하면서 경험했다.

 2024년 9월에는 전 세계 최고 직급자인 로열 크라운다이아몬드에 송은혜 후원자님과 상위 후원자들이 함께 도전했다. 모든 단체도 그렇지만, 네트워크도 상위 후원자 없이 파트너 없이 절대 할 수 없는 일이다. 힘들었지만 도전에 합류했고, 이루어 냈고, 더 끈끈한 사이가 되어 함께 누리게 된 것들도 많아졌다.
 직장 생활도 종교인들의 관계에서도 시기, 질투, 경쟁의 어려움 때문에 고민이 많다. 네트워크 역시 고객과 어려움보다 후원자와 파트

너 관계가 틀어지면 조직의 위기가 온다. 그런데 엔잭타는 보상 계획과 운 좋게도 그룹의 리더를 잘 만난 덕분에 축복과 응원, 사랑을 실천할 수 있는 장이 마련된 곳이다. 가족보다도 더 가까운 전우애가 생겼고, 서로의 인생을 바꿔 주기에 감사가 컸다.

2025년 1~2월, 엔 탑 클래스에서 송진구 교수님의 리더십 교육을 들었다. 리더십 교육 안에 양자물리학, 사람의 유형, 중국 역사 이야기 등 처음 들어 본 내용이 많았지만, 4주간의 리더십 교육을 통해 지나온 나의 네트워커로서의 리더십을 되돌아보며 아쉬움이 많았다. 후회와 반성을 하는 시간이기도 했다.

나의 유형과 상대의 유형을 파악하는 시간은 흥미롭고 유익했다. 나의 유형은 칭찬과 응원을 받으면 더 잘하는 돌고래 형이다. 비교를 당하거나 인정을 못 받으면 성실함과 책임감에 할 일을 잘 해내지만, 그런 상대를 좋아하지 않는다. 이렇게 나와 상대의 유형을 알고 나면 장점을 부각해 동기 부여를 줄 수 있는 지도자가 될 수 있다는 것을 함께했던 모든 리더는 깨달았다. 이 사업을 하지 않았다면, 다이아몬드 직급자로서 리더의 자리에 서지 않았다면 배우지 못했을 특별한 시간이었다. 고마움과 미안함, 존경의 내용을 전달하고 싶은 분께 메시지를 보내는 숙제가 있었다. 용기 내서 실천했더니 막힌 관계가 회복되는 계기도 되었다. 교수님께 그 사례를 말씀드렸더니 교수님은 손수건을 꺼내 눈물을 닦으셨다. 나도 울었다. 지금도 생각하면 용기를 선택하고 실천한 내가 기특하고, 다시 한번 수업을 듣게 되어 감사할 뿐이다. 지금 당장 내 앞의 사람에게 친절하기! 큰 깨달음이다.

어릴 때 펌프를 사용해서 물을 사용했었다. 그때 필요한 것은 한 바가지의 마중물이다. 한 바가지의 마중물을 넣어야만 펌프질이 되면서 콸콸 물이 터져 나온다. 내가 지금 경험하고 도전하고 있는 일은 노후연금을 콸콸 터져 나오게 하려는 펌프질이라고 생각한다. 높은 의식으로 성장하고, 정도를 걸으며, 위대한 네트워커가 되어 세상의 편견을 함께 바꾸고, 함께 행복한 부자가 되기 위해서 마중물을 넣으며 꾸준한 후원 사업을 펼쳐 가고 있다. 그래서 나에게 네트워커라는 직업은 도전과 경험 속에서 쾌감을 느끼는 직업이라는 생각이 든다. 이 직업은 배움의 기회가 어마어마하다. 경험은 자산이고, 정말 큰 배움이다. 그래서 나는 오늘도 다짐한다. 앞으로 또 어떤 배움을 하게 될지, 그 배움을 통해 자격을 갖추고, 진정한 자유를 누리고, 정말 하고 싶은 선교와 나눔을 하면서 살게 될 거라는 확신에 하루하루 즐기며 살아가고 있다. 희망을 느끼고 있다. 꿈을 꾼다. 누군가의 꿈이 되고 싶다. 진정한 나로 살고 싶다.

도대체 공부가 뭔데?

류정희

대학을 졸업하고, 학습지 회사에서 20여 년을 아이들을 가르치고, 학부모님들을 상대하며 조직을 관리하는 일을 했다. 퇴사한 이후에도 아이들을 만나며 가르치는 일을 계속했다. 우연한 기회에 교육을 받고 봉사활동을 하게 된 '부산 생명의 전화'와의 인연은 학교에서도 학생들을 만날 기회로 이어졌다. 감사한 인연들에 좀 더 나은 사람이 되고자 하는 욕구는 배움에 대한 동기를 일으켜 주었다. 그렇게 주어진 공부의 끈이 이끄는 대로 따라가다 보니, 연결에 연결의 고리가 끝이 없었다.

2022년 우연한 기회에 코칭 공부를 시작하고 KAC 자격을 취득했다. 코칭은 구체적인 목표와 실행 계획을 고객 스스로 끄집어낼 수 있도록 코치가 질문으로 돕는 과정이다. 이 과정을 통해 고객은 자신이 정말 열망하고 있는 것이 무엇인지를 스스로 찾아가게 된다.

코칭 공부가 마무리될 때쯤 나도 내 목표가 전문성을 가진 사람임을 알게 되었고, 2023년 3월에 대학원 공부를 시작하였다. 현업에서 전문성을 가진 사람으로서의 자질도 필요하겠다는 판단에 따라 상담심리학과 3학년으로 대학 편입도 하였다. 비록 온라인으로 하는 수업이었지만, 한 학기에 8과목에서 11과목 수업을 소화하고, 리포트에 시험까지, 결코 만만한 일이 아니었다. 하지만 남편과 가족 덕분에 힘을 얻었다.

나의 공부 에너지는 어쩌면 아버지를 닮았는지 모른다.

아버지는 평생 공부에 목말라했던 분이셨다. 자식들 먹이고, 입히고, 공부시키느라 정작 자신의 욕구는 뒷전이셨다. 그런 아버지는 2021년 3월 8일, 80세를 일기로 하늘나라로 가셨다. 직업 군인으로, 농사꾼으로 사시다가 돌아가셨다.

고졸이신 아버지는 아무리 최선을 다해 능력을 인정받아도 육사 출신 동료들에게 진급이 밀릴 수밖에 없었노라고, 그래서 전역 후 귀농하셨다는 말씀을 엄마가 해 주셨다. 그런 아버지는 늘 책을 가까이하셨다. 학업에도 갈증이 있으셨던 아버지는 70대 후반에 다시 공부를 시작하셨다. 너무나 열정적으로 공부하셨고, 또 즐거워하셨다. 2020년, 드디어 대학에 입학하셨다. 코로나19 유행으로 학교 수업이 원활하지 않았음에도 불구하고 열심히 공부하셨다. 엄마는 몸도 편찮으신 아버지가 일도 하면서 공부까지 한다고 잔소리하셨지만, 아버지는 행복해하셨다. 공부가 아버지를 기운 나게 해 주는 원동력 같았다. 그렇게 대학 4년 중 1년만 다니시다 병원에 입원하신 후 돌아가셨다. 조금만 더 사셨더라면 얼마나 좋았을까. 아버지만 생각하면 목이 멘다. 아버지의 공부 흔적이 온 방에 남아 있는 것을 보면 더더욱 가슴이 찡하다.

도대체 공부란 무엇일까?
누가 등 떠밀어서 하는 것도 아닌데, 도대체 공부를 계속하게 하는 원동력은 무엇일까? 자신도 신기해서 질문을 던져 본다. 우리 집 거실은 통째로 나의 공부 공간이 되어 책이 무한대로 쌓여 가고 있다. 가끔 내가 봐도 '헉!' 할 때가 있다. '이거 정상 맞나, 이래도 되나' 하는 생각이 들 때도 있다. 하지만 공부를 하면 할수록 공부할 것이 많아지니 공부 또한 중독 중 하나다 싶다. 누군가는 그랬다, 공부는 아름다운 중독이라고. 하나를 알면 둘을 알고 싶고, 그와 연관된 것들까지도 궁금하게 만든다. 게다가 배운 것들을 펼칠 기회까지 주어지니 어찌 감사해하지 않을 수 있겠는가!
그러고 보니 공부는 삶을 확장해 주는 도구가 아닐까 싶다. 지식이 쌓여 지혜의 샘을 만들고, 그 지혜는 내 삶을 넓고 깊고 풍요롭게 해 준다. 그것을 느끼고 깨달으니 내가 공부의 매력에서 빠져나오지 못하나 보다. 나의 아버지처럼 말이다.

  남편은 종종 말한다.
"학교 다닐 때 그렇게 열심히 좀 하지. 이제 와서 공부한다고 애쓴다."
  공부하느라 늦게 자고 매일 바쁘다고 외치는 나에게 불만 섞인 말은 하지만, 남편은 언제나 나의 든든한 지원군이다. 나는 속으로 대답한다. '당신 노후는 내가 책임질게'라고. 공부하는 나를 꾸준히 지지해 주니, 가끔 잔소리할 때는 얄밉지만 이만하면 정말 고마운 사람이다.

  2025년 2월, 상담학과를 졸업하면서 부전공으로 평생교육학과 학위도 취득했다. 학습상담사, 교수설계, 상담심리지도사 1급 자격증도 취득했다. 취득한 자격증은 나의 공부 시간과 공부 이력을 증명하는 도구로써 일할 때 신뢰를 주는 역할을 할 것이다. 2025년 3월에 한국어학과에 편입생으로 다시 입학했다. 다문화 가정에도 도움이 되는 이바지를 할 수 있다면 더할 나위 없이 보람될 것이라는 판단에서였다. 끝인 줄 알았는데, 다시 2년 동안 공부할 생각을 하니 부담은 되지만 시작했으니 다시 행복할 것이다.

주변의 지인들이 이런 질문을 한다.

"그렇게 공부가 재미있니?"

"또 공부? 지겹지도 않니?"

공부가 꼭 재미있어야 하는 건가? 물론 재미있기도 하다. 필요에 의한 공부, 찾아서 하는 공부는 가슴을 설레게 한다. 배운 공부가 쓰임이 있을 때는 더더욱 신이 난다.

이제는 평생 공부하는 시대다.

학창 시절의 공부가 의무적으로 해야 했다면, 성인이 되어서 하는 공부는 필요 때문에 하는 자발적 공부다. 공부는 나를 앞으로 나아가게 하는 에너지원이고, 삶의 원동력이다. 또한, 나를 알고 이해하게 할 뿐 아니라 타인에 대한 이해를 넓히고 함께 살아가는 공동체에 이바지할 기회도 준다. 그렇게 나는 공부로 성장하고 공부로 이바지하는 사람이 될 것이다. 오늘도 나는 책상에 앉아 컴퓨터 전원을 켠다. 행복하다.

내 손끝의 용기

장은경

어르신들을 돌보는 일이 익숙해지고 연차가 쌓이면서 나의 역할도 점차 확장되었다. 나는 어르신들의 상태를 누구보다 잘 아는 사람이었고, 의료진과 요양보호사 사이에서 중요한 조정자 역할을 하고 있음을 실감했다. 이 과정에서 자연스럽게 컴퓨터를 배웠다. 각종 서류를 다루면서 행정 업무까지 익히게 되었다. 처음엔 단순한 기록처럼 보였던 일이 의료진과의 협업에 꼭 필요한 과정이라는 것을 알게 되었다. 그러나 새로운 것을 배운다는 건 언제나 두려움을 동반했다. 낯선 프로그램과 보고서 양식을 마주할 때면 '내가 이걸 해낼 수 있을까?' 하는 생각이 먼저 들었다. 하지만 주어진 일이라 피할 수 없었다. 배우지 않으면 성장할 수 없고, 성장하지 않으면 결국 멈추게 된다는 걸 알고 있었기 때문이다. 나는 눈 딱 감고 컴퓨터를 켰다. 그리고 하나씩 익혀 나갔다.

그렇게 시간이 흘러 어느덧 4년. 또 한 번의 배움의 기회가 찾아왔다. 친하게 지내던 간호사의 말 한마디가 계기가 되었다.

"간호조무사 자격증, 따 볼 생각 없어요?"

그 말은 내 안에 잠들어 있던 도전 정신을 일깨웠다. 동시에 걱정도 몰려왔다. 하지만 내 머뭇거림을 눈치챈 간호사는 웃으며 말했다.

"6개월만 주간 근무로 바꾸고, 밤에 학원 다니면 돼요. 사무실에 부탁하면 조정해 줄 거예요."

사실 교대 근무였기 때문에 내가 낮에만 일하게 되면 다른 선생님들이 싫어할 수도 있고 일을 그만두면 수입이 끊길지도 몰랐다. 고민 끝에 간호사의 도움으로 나는 또 한 번 새로운 길에 들어섰다.

낮에는 일하고, 저녁에는 학원에 가고, 밤에는 아이들을 돌보았다. 시어머니까지 챙기며, 가족을 책임지는 역할도 놓을 수 없었다. 그렇게 하루하루를 버티던 어느 날, 피로가 누적된 나는 두 딸과 함께 간 목욕탕에서 눈앞이 캄캄해지며 바닥에 쓰러졌다.

"엄마! 엄마, 괜찮아?"

놀란 아이들이 흔들며 깨우는 소리에 정신을 차리고 보니, 나는 젖은 바닥에 누워 있었다. 그 순간, 문득 이런 생각이 들었다.

'내가 이렇게까지 무리하며 살아야 할까? 무엇을 위해 이토록 처절하게 버티는가?'

나는 스스로 물었다. '앞으로도 이렇게 살 것인가?'

그 뒤 피곤이 누적되더니 몸에 기운이 없어지고 살이 빠지기 시작했다. 도저히 일할 수 없어 병원에 입원해서 검진하니 갑상샘저하증이었다. 퇴원하고 약 복용 후 호전되었다.

맹목적인 삶이 아닌 목적 있는 삶이 필요했다. 너무 힘든 순간이었지만 나는 이미 한 걸음을 내디뎠고, 그 길을 끝까지 가고 싶었다. 나에게 두 딸이 있기에 포기할 수 없었다.

병원에서 사용하는 용어가 너무 어려워 도서관으로 향했다. 낯선 단어들을 한 줄씩 적고, 외우고, 이해될 때까지 반복했다. 정말 머릿속에 들어오지 않고 외워도 남지 않았다. 교재에는 경관 영양, 도뇨관, 욕창 예방, 주사 연결 등 모든 것이 영어였다. 한글 설명 하나 없이 온통 꼬부랑말이다. 냉장고, 싱크대, 식탁 유리 밑 화장대 거울 등 집 안 곳곳에 포스트잇을 도배했다. 반찬을 하다가도 싱크대 위 포스트잇을 보고 외웠고, 돌아서면 또 잊어버리는 반복의 연속이었다.

어느 날, 간식을 먹던 큰아이가 말했다.

"엄마, 싱크대에 붙인 거 잘 외우고 있어요. 내가 문제 내 볼까요?"

아이의 눈가리개 공격이 시작되었다. 문제는 20개, 나는 겨우 8개를 맞혔다.

"엄마, 이래서 실기 붙겠어?"

그 말에 나는 '정말 내 머리가 돌인가?' 싶은 생각이 들었다. 콩나물시루에 물 주듯이 아무것도 남지 않는 것 같았다. 큰아이는 내가 틀리면 신나서 야단치는 특권을 누렸다. 문제를 내고, 맞히고 또 틀리고 그러다 결국, 이론 시험에 붙었다. 100점 만점에 75점, 내게는 충분히 영광스러운 점수였다.

실습에 들어가기 전, 우리는 '마루타' 훈련을 했다. 함께 배우는 학생들끼리 서로 팔을 걷고 주사 연습을 했다. 실수하고, 멍들고, 아프지만 참고 다시 팔을 내밀었다. 우리 집에도 마루타가 셋 있었다. 나는 가족에게 간절하게 부탁했다. 하지만 남편은 "자격증 따고, 병원 취업하면 그때 해."라며 거절했다. 결국 마지못해 팔을 내밀었고 나는 속으로 안도했다. 그의 혈관은 선명하고 굵어서 쉽게 성공할 수 있을 것 같았다. 하지만 세 번 실패하고 말았다. 남편은 자리를 박차고 일어났다.

제2의 마루타는 큰딸.
"한 번만 실패해도 안 할 거야."

딸은 약간 겁먹은 얼굴로, 비장한 눈빛으로 말했다. 하지만 혈관이 잘 보이지 않았다. 팔을 두드려 혈관을 찾고 주사를 찔렀다. 아뿔싸, 또 옆으로 빗나갔다.

"이번이 마지막이야. 진짜 마지막."

마음을 가다듬고 다시 시도한 끝에 드디어 성공했다.

작은딸이 소리쳤다.

"다행이다, 내 차례까지 안 왔어!"

그리고 덧붙였다.

"엄마, 진짜 간호사 같아."

그 말에 웃음이 터졌고, 나는 어느새 두려움을 잊고 있었다. 손에 익숙해진 감각이 나를 성장시키고 있었다. 나는 이런 글귀를 좋아한다.

> '세상에서 가장 멋진 도전은 자신을 정복하는 것이다. 난 항상 도전하고, 실패하고, 또 도전한다.'

이 문장은 지금도 내 삶의 좌우명이 되었다.

요양보호사로 일하다가 간호조무사로서 일은 완전 달랐다. 몸이 아닌 머리로 해야 하는 일들이 많았다. 나이가 많아도, 늦게 시작해도, 상황이 어렵더라도 끝까지 해내면 결국 이길 수 있다. 배움은 단순한 자격증 취득이 아니다. 배움은 나를 성장시키고, 더 많은 임무를 수행할 수 있게 만드는 과정이다. 불편하고 힘들어야 한 계단 더 성장할 수 있음을 알게 되었다.

교사에서 보험 설계사로

하주언

유치원에서 아이들과 함께 교사로 삶을 살던 중입니다. 34살에 결혼이라는 새로운 삶을 선택했습니다. 경력 단절녀가 되었습니다. 결혼하고 현모양처가 되겠다고 생각하고, 가정에 충실하며 다른 일은 하고 싶지 않았습니다. 요리하고, 집 안을 어린이집처럼 꾸며서 아이와 놀아 주었습니다. 남편 월급으로만 알뜰하게 살자고 다짐했습니다. 현실은 돈의 여유가 없었습니다. 빚만 늘어나기 시작했습니다. 아끼는 일만 답이 아니었습니다. 여유자금이 한 달에 백만 원만 있었으면 하는 생각이었습니다.

유치원 면접을 보려고 준비했습니다. 담당 설계사에게 보험금 청구 문의를 하는 과정에서 설계사 시험을 보는 게 어떻겠냐고 권유를 받게 되었습니다. 유치원 면접에서 경력 많은 교사보다 신입 교사를 원하시네요. 원장님은 신입 교사를 통해 지출을 줄이고 싶어

하셨습니다. 면접에서 떨어졌습니다. 고민했습니다. 일하면서 아이를 돌봄 할 수 있다고 설득을 당했습니다.

그렇게 시작한 일이었습니다. 전혀 다른 분야였기에 쉽지 않았습니다. 서류 관련 공부, 모르는 용어들 이렇게 공부를 해야 하는 직업인 줄 몰랐습니다. 보험 설계사를 나는 보험 아줌마라고 불렀습니다. 나도 모르게 하대했습니다. 직업에는 귀천이 없다는 말도 있습니다. 보험 설계사에 대한 나의 편견이 무너지는 시간이었습니다. 오랜만에 시험 공부가 즐거웠습니다. 시험에 떨어지면 주위 시선이 뜨거울 것 같았습니다. 한번에 붙고 싶었습니다. 다행히 합격이었습니다. 출산 후 우울했던 시간 언니들이 많이 다니는 보험회사가 신기했습니다. 회사에서 막내였던 나를 챙겨 주고, 같이 험담도 나누고, 그런 공간이 설계사 사무실이었습니다.

입사를 결정하고, 상품 공부를 시작했습니다. 시험보다 훨씬 어려웠습니다. 신입으로 배워야 할 과정들을 통과해야 했습니다. 교육을 받았어도 이해가 잘 되지 않았습니다. 고객을 만나는 일도 두려웠습니다. 왜 떨리고 두려웠을까요? 살면서 늘 상품을 연결하고 팔아야 하는 보험 설계사! '내가 미쳤구나! 왜 했을까' 하고 자책이 시작되었습니다. 이런 상황이면 무기력증이 찾아왔습니다. 1년까지는 영업을 하지 못했습니다. 1년만 버티고 나가기로 팀장님과 결정했습니다. '1년만 버티면 뭐가 되도 되겠지!' 연차가 쌓이고, 해야 할 일들을 꾸준히 하다 보니 성실한 열정 하나로 부팀장이라는 자격이 주어졌습니다. 사실 부팀장은 하는 일이 없었습니다. 그래도 부팀장인데 체계 없이 하고 싶지 않았습니다. 교육에 집중하기 시작했습니다. 연수원 1박 2일 공부도 시작했습니다. 연수원에서 배운 일들을 팀원들에게 교육하는 기회가 주어졌습니다. 강사는 아니지만, 나의 경험을 신입 사원들에게 전달했습니다. 주어진 일을 해결해 가면서 성장했습니다. 내가 알고 있는 경험을 나누는 일에 힘이 생겼습니다.

3년 차 정도 되었을 무렵, 회사에 특별한 제도가 생겼습니다. 명장제도였습니다. 자격이 되는 인원을 선발했습니다. 3개월 교육 참여 후 월급이나 업적에 의해 선발되는 기준이었습니다. 명장이라는 이름처럼 쉽지 않은 과정에 추천이 되어 입과 하게 되었습니다. 연수원에서 진행되는 교육은 오전 8시부터 시작해서 온종일이었습니다. 집중해서 무언가를 배우고, 공부할 수 있는 시간이 즐거웠습니다. 같은 일을 하는 선배들과 네트워크를 형성했습니다. 서로의 지식을 공유하면서 함께 성장하는 시간이 행복했습니다. 3개월의 교육이 끝나면 명장다운 자격을 갖추었는지 기준에 맞는 시험이 기다리고 있었습니다. 얼마나 많은 영업 실적을 이루었는지 중요한 합격의 조건이 되었습니다. 자신 없었습니다. 조건에 부합되지 않을 거라고 예감했습니다. 주변에서도 "지인이나 고객이 부유층이 없다면 어려운 일이다"라고 말했습니다. 교육받은 것에만 만족하라는 조언이었습니다.

명장이 되고 싶었습니다. 주변에 어떠한 말에도 흔들리지 않았습니다. 달력에 '나는 명장이다' 기록하기 시작했습니다. 명장이 되려면 어떻게 해야 할지 방법을 모색하기 시작했습니다. 자격을 갖추기 위해 금융 관련 책을 읽고 정리해서 고객에게 전달하기 시작했습니다. 전국에서 200명이 지원하였습니다. 포기하지 않고, 꾸준히 행동했습니다. 방법대로 실천한 결과, 49명의 명장의 선발되었습니다. 이후, 필드 마스터(FM) 자격 과정에 선발되어 연수원 입과를 하고 교육을 받게 되었습니다. 신인에게 협력할 수 있는 자격, 동행과 상담을 안내하는 자격이었습니다. FM 자격을 가지고 활동하면서 시선이 높아지기 시작되었습니다.

성장의 과정에 우수인증설계사라는 자격도 주어졌습니다. 멈추지 않고 매일, 매달 성장한 결과, 전문적인 설계사의 옷을 입고 있었습니다. 보험의 기본도 몰랐습니다. 부정적인 생각들이 많았던 주부가 전문가로 성장하는 과정이었습니다. 2024년 전 보험사가 들썩일 만큼 좋은 상품이 출시되었습니다. 상품의 이름은 암, 주요 치료비였습니다. 한 번 받는 것이 아니라 1년 동안 치료한 금액을 1억에서 1억 5천만 원까지 돌려주는 상품이었습니다. 보험료는 저렴하고, 보장은 컸습니다. 손해율이 예상된 보험사들과 금융당국에서 판매 중지를 예고했습니다. 한 달에 34건이라는 판매 건수를 올렸습니다. 건수왕이 되었습니다.

공부에 대한 결핍이 있었습니다. 회사에서 운영하는 FP 성공 대학이 생겼습니다. 입학하면 성공할 것 같은 기분이 들었습니다. 1년의 과정을 거쳐서 1,200명의 입학생 중 300명의 합격자 안에 들어가게 되었습니다. 그리고 신입 사원들을 강의하게 되었습니다. 강의료는 1시간 30분당 40만 원이었습니다.

교육을 통해 저의 의식이 확장되고 있습니다. 그 과정에서 월 100만 원만 벌어도 좋겠다고 생각하던 월급이 1,000만 원을 넘는 수입을 창출하게 되었습니다. 모르면 용감할 수 있습니다. 알아야 하는 시대입니다. 모르는 것은 배워야 합니다. 개인 고객을 상대로 하던 중 기회가 찾아왔습니다. 기업을 상대로 상담이 시작되었습니다. 3개월의 교육 과정 동안 세무, 노무, 경영지원, 상속 등 다양한 과목을 수강하였습니다. 대표와의 만남, 컨설팅 과정을 이수하였습니다. 회사의 경영에서 부족하거나 도움이 필요한 대표님들에게 도움을 주는 역할이었습니다. 모르는 분야의 도전은 어렵습니다. 여전히 자신이 없었습니다. 다시 신입이 되었습니다. 기업가들을 만나기 전 심장이 터질 것 같았습니다. 어느 날은 청심환을 먹고 갔습니다. 1월부터 매주 2명의 대표와 상담을 진행했습니다. 지역은 서울, 남양주, 양평, 용인, 여주, 광주 등 경기권 전체였습니다. 5개월이 지나니 계약이 성사되기 시작했습니다. 총 다섯 건의 계약을 하게 되었습니다.

'내가 하는 일의 의미와 가치를 돈으로 환산할 수 있을까?'라고 생각해 보았습니다. 누군가 영업직이라고 말하지만, 나는 영업이 아니라 가치를 전하는 설계사라고 전달해 드리고 싶습니다. 만나는 사람들에게 직업을 소개하고, 그 과정을 설명했습니다. 내가 보험을 공부하며 배우고, 전문가로 성장한 이야기를 나누며, 나의 일을 사랑하게 된 과정을 이야기로 풀어서 나누어 드렸습니다.

그냥 아줌마였습니다. 시험 한 번 봐 달라는 요청으로 생각 없이 시작한 일이었습니다. 꾸준히 성실하게 앞만 보고 나아갔습니다. 기회가 오기 시작했습니다. 기회를 잡을 방법은 오직 배우고 따라가는 일이었습니다. 배우지 않으면 잔소리꾼 어른이 됩니다. 배우고 실행

한 덕에 원하는 것보다 빠르게 성장했습니다. 아줌마에서 전문적인 설계사로 거듭나기 위해 대가를 치렀습니다. 시간, 노력, 좌절, 고통을 뛰어넘고, 버티고, 현실을 직시했습니다. 그런 모습이 바로 하주언입니다.

눈에 보이지 않던
아버지의 사랑

이선희

아버지 이선봉 씨의 3주기 기일입니다. 시간이 정말 잘도 흘러갑니다. 우리 가족은 가덕에 있는 천주교 성요셉공원 묘지에서 기일을 지내기로 했습니다. 친정 동생들과 그곳에서 만났지요. 아버지는 이북, 평양 출신입니다. 혈혈단신으로 남쪽에 내려오셨고, 친척 하나 없이 홀로 살아오셨지요. 어머니와 결혼하시기 전 양할머니 한 분이 계셨지만, 어머니와 함께 언약식만 하고 살아가려 하자 할머니는 홀연히 아버지 곁을 떠나셨다고 합니다. 그 후로 할머니 소식은 들을 수 없었지요. 그런 아버지는 말년을 집에서 몇 년간 누워 지내셨습니다. 병원도 자주 다니시지 않았고, 아이들에게 큰소리 한번 내지 않으셨던 분이십니다. 조용하고 착한, 그저 순하고 점잖은, 때로는 용렬하다는 표현이 어울릴지도 모를 아버지. 한때는 미군 부대에서 근무하셨지만, 돈을 잘 벌지 못하셨기에 어머니가 고생이 많았습니다.

어머니는 서울 광진구 능동 용마초등학교 앞에서 호떡 장사를 하셨습니다. 연탄가스를 많이 맡으며 일하시다 결국 자궁암까지 앓게 되셨지요. 우리는 오랫동안 아버지의 부모님 생사조차 몰라 제사를 지내지 못했습니다. 하지만 이제는 기일이 되면 요셉 공원에서 성묘하며 기제를 드리고, 명절에는 큰동생 집에서 아버지 제사를 지내고 있습니다.

사랑하는 아버지, 오늘은 어머니께서 오시지 못하셨습니다. 요양원에 가신 지 얼마 되지 않아 아직 적응 중이시기에, 오지 못했습니다. 성묘를 마치고 큰동생 가족이 어머니를 뵈러 요양원에 갔는데, 어머니는 큰아들을 알아보지 못하셨습니다. 그 소식을 전해 온 올케의 목소리엔 눈물이 젖어 있었습니다.
"엄마가 큰아들을 못 알아보세요."

아버지, 두 분이 다니시던 성당에서 미리 사 둔 묘지 덕분에 아버지 장례를 치를 때 아무 걱정 없이 이곳에 모실 수 있었습니다. 요셉 공원을 지키는 천사 같은 분들 덕분입니다, 이곳은 넓고 한적합니다. 풍수지리를 잘 모릅니다만, 마음이 편안해지는 장소입니다. 오늘 친정 식구들 아버지를 그리워하며 모였습니다. 멀리 철원에 사는 여동생만 미리 다녀갔습니다. 돈은 많이 벌지 못했지만, 엄마를 유난히도 사랑했던 아버지.

"선희 엄마, 선희 엄마." 하며 늘 어머니의 뒤를 따라다니던 아버지, 오늘 어머니가 오시지 않아서 서운하지요. 아버지가 그렇게 좋아하던 어머니도 이제 아버지 곁으로 갈 준비를 하고 계신 것 같습니다. 여름엔 참외, 수박 장사, 겨울엔 호떡 장사, 또 만물상회를 운영하시던 아버지. 그 시절 술을 많이 드셔서 어머니께 구박도 많이 받으셨지요. 그래도 보고 싶습니다, 아버지. 형제 중 제가 아버지께 가장 못되게 굴었습니다. 술을 많이 드시고 가족을 힘들게 한다고, 능력도 없다고, 가족 고생시킨다며 사랑을 덜 준 딸이 바로 저였습니다.

하지만 제 기억 속에도 아버지의 사랑 한 자락은 또렷이 남아 있습니다. 아들 둘이 초등학생일 때, 사는 게 너무 힘들어 남편과 헤어지겠다고 집을 나간 적이 있습니다. 가방 하나 들고 청주에서 마산으로, 지인 집에서 하룻밤을 지냈습니다. 그날은 천둥 번개가 몰아치고, 빗줄기마저 거셌습니다. 낯선 곳에서 보낸 그 하룻밤은 얼마나 길고 무서웠는지 모릅니다. 눈치까지 보이며, 마음은 사막 한가운데 선 듯 고립된 심정이었습니다. 다음 날, 수원에 있는 동생 집으로 향했습니다. 시외버스 터미널에 내렸을 때, 어떻게 아셨는지 아버지가 그곳까지 나와 계셨습니다. 아무 말 없이 제 가방을 받아 주고, 제 어깨를 가만히 쓰다듬어 주셨습니다. 그리고 말없이 앞장서 걸어

가시는 아버지의 뒷모습! 그 어깨와 등에는 서러움과 한이 고스란히 묻어 있었습니다.

저는 아무 말 없이 흐르는 눈물을 손등으로 훔치며, 아버지의 깊은 사랑을 느꼈습니다. 아버지, 고맙습니다. 친절한 딸, 예쁜 딸 노릇 제대로 하지 못했는데, 엄마 대신 도시락을 챙겨 주시고, 매 한번 들지 않으시고, 철들기를 조용히 기다려 주신 아버지. 오늘은 더욱 보고 싶습니다. 아버지, 엄마 문제로 우리 가족은 오랫동안 고민했습니다. 힘들지만 결국 요양원에 모셨습니다. 아버지는 어머니의 손에 병간호를 받다가 요양원에 가신 지 이틀 만에 돌아가셨지요. 엄마는 우리가 더 돌봐 드릴 수 없어서 요양원에 모시게 되었습니다.

아버지께 편지 한번 써 드리지 못한 딸이었습니다. 그래서 오늘 아버지가 계셨으면 하는 간절한 마음을 담아 이 편지를 씁니다. 큰사위가 용돈 잘 드린다고 고마워하셨지요. 오늘도 묘소에 들렀지만, 함께 사진도 찍지 않고 먼저 떠났습니다. 쉽지 않은 사람과 평생을 살아 냈고, 지금도 그렇게 살아가고 있습니다. 날씨도 봄처럼 고운 날, 아버지의 착한 마음을 닮은 날입니다. 오후엔 둘째 동생 종운이 가족, 도현이와 동규, 작은올케까지 다섯 명이 상당산성에서 함께 점심을 먹고 많은 이야기를 나누었습니다. 아이들이 잘 커서 엄마, 아빠의 고민도 똑바로 지적하며 함께 나누더군요. 동규는 늦게 철이

들었네요. 지금은 학교에서 1등을 도맡아 합니다. 도현이는 사리 판단이 분명한 대학생이 되어 있고요. 조카들이 잘 커서 기쁩니다. 아버지와 많이 닮은 순한 성격의 동생 종운이는 엄마를 위해 정말 많은 수고를 하고 있습니다.

아버지! 아버지 장례식 치를 때 약간의 위기가 있었습니다. 각자 들어온 부조를 내놓고 싶어 하지 않고, 장례비는 약간 모자랐지요. 동생의 그런 행동에 제가 화가 났는데, 남편이 나서서 모자란 돈 200만 원을 건네줍니다. 그 덕에 큰소리치지 않고 무사히 장래 치를 수 있었네요. 솔직하게 이기적이고 자신이 살고 싶은 대로 사는 미운 남편인데, 그 순간 큰 사위 역할을 톡톡히 했답니다. 그 덕분에 작은 올케가 장례식이 이렇게 순조롭게 잘 진행된 것을 처음 본다며 무척 고마워했습니다. 아버지가 복이 있으신 것 같아요. 오늘은 아버지 묘소에서 이 일, 저 일, 감정적으로 기억 남은 일들 적어 봅니다. 오늘 아버지 기일 묘소에서 동생들과 만남, 아버지의 좋은 추억을 가슴에 담아 봅니다. 사랑합니다. 아버지, 어머니 천천히 만나세요.

돌이킬 수 없는 사고

권광택

17세, 인생의 가능성이 무한히 펼쳐지는 나이에 돌이킬 수 없는 사고를 겪었습니다. 아버지의 일을 돕기 위해 단무지 공장 슬레이트 지붕 위에서 페인트 도장 작업을 하던 중이었습니다. 갑자기 '우지직' 소리와 함께 지붕을 떠받들고 있던 낡은 서까래가 부러졌고, 나는 공장 출입문 앞 콘크리트 모서리로 떨어졌습니다. 그 충격으로 눈앞이 캄캄해지고, 숨조차 쉴 수 없었습니다. 얼마나 시간이 흘렀는지 모르지만, 숨이 돌아온 순간 허리에 느껴진 날카로운 통증은 내 인생을 완전히 바꿔 놓을 것을 예상했습니다. 처음 병원 검사에서는 뼈에 이상이 없다는 소견이 나왔습니다. '단순 타박상'이라는 진단에 안도했지만, 그것은 잘못된 판단이었습니다. 의료 장비의 한계와 초기 증상의 모호함이 정확한 진단을 방해했던 것입니다. 한동안 통원 치료를 받으며 집에서 요양했고, 표면적 증상이 호전되자 생계를 위해 다시 일상으로 복귀했습니다. 당시 우리 가정의 경제적 상황은 제가 오랫동안 쉴 수 있는 여유를 허락하지 않았기 때문입니다. 그러나 시간이 지날수록 통증은 완화되기는커녕 점점 심해졌습니다. 처음에는 장시간 서 있거나 무거운 물건을 들 때만 느껴지던 통증이 점차 일상적인 활동에서도 나타나기 시작했습니다. 여러 병원을 전전하며 침, 뜸, 물리치료, 카이로프랙틱 등 다양한 치료법을 시도했지만, 근본적인 효과를 보지 못했습니다. 민간요법부터 한의학적 치료까지, 효과가 있다는 모든 방법을 시도했지만 통증은 계속되었습니다. 결국, 충북대병원에서 정밀 검사를 받았고, 충격적인 결과를 마주했습니다. 네 번째 척추의 척추경에 금이 가 있었던 것입니다. 단순 타박상이라는 초기 진단이 얼마나 큰 오판이었는지를 그때서야 알게 되었습니다.

통증이 심해 일상생활이 불편해지자, 서울대학교 병원의 권위자 석세일 박사를 찾아갔습니다. 당시 그는 척추 질환 분야에서 최고의 전문가로 알려져 있었습니다. 참기 힘든 통증을 해결하기 위해 수술을 결심했습니다. 수술실에 들어가기 직전, 박사님은 의외의 제안을 했습니다.

"통증 때문에 고통이 따르고 불편하지만, 수술을 포기하고 청주로 내려가는 것은 어때요."

이는 의료 기술이 지속해서 발전하고 있으니 참을 수 있을 때까지 견디다 최종적으로 결정하라는 조언이었습니다. 당시로서는 척추 수술이 지금처럼 안전하고 성공률이 높지 않았기에, 젊은 나이에 수술 후 발생할 수 있는 합병증과 부작용을 고려한 현명한 조언이었습니다. 깊은 고민 끝에 수술을 미루고 청주로 돌아왔지만, 그 선택이 수십 년의 고통으로 이어졌습니다. 허리 통증은 단순한 신체적 고통을 넘어 일상의 모든 측면에 영향을 미쳤습니다. 사업과 사회 활동에 심각한 제약이 따랐고, 가족과 소중한 시간도 제한되었습니다. 지속적인 통증은 만성적인 스트레스와 우울감을 가져왔고, 이는 대인 관계와 자아 인식에도 부정적인 영향을 미쳤습니다. 통증이 심할 때는 걷는 것조차 두려웠고, 밤에는 통증으로 깊은 잠을 자기 어려워 만성 피로에 시달렸습니다. 매일 아침 일어나는 것 자체가 고통스러웠고, 하루를 시작한 지 얼마 안 되어 항상 극심한 통증을 수반했습니다.

오랜 세월이 흘러 결국, 더 견딜 수 없는 지경에 이르렀습니다. 몇십 미터를 걷는 것조차 힘들어졌고, 초기의 골절이 만성 협착증으로 발전하여 신경을 압박하기 시작했습니다. 이제는 다리에까지 저림과 무감각이 느껴졌고, 갑작스러운 근력 저하로 이어졌습니다. 일상생활의 모든 영역에서 삶의 수준이 심각하게 제약을 받았습니다. 마침내 의료기술의 발전을 목도하며, 수술을 받기로 했습니다. 대전

우리병원에서 최신 수술 기법을 적용하기로 했는데, 배를 열어 척추 4번 요추를 들어올려 인공 대체품으로 고이고, 등에서 두 개의 고정 핀을 삽입하는 방식이었습니다. 이 방법은 기존의 수술법과 달리 등쪽 신경을 피해 후유증을 최소화할 수 있는 장점이 있었습니다. 수술 전날 밤은 불안과 기대가 교차하는 복잡한 감정 속에서 거의 잠을 이루지 못했습니다. 수십 년간의 고통이 곧 끝날 수도 있다는 희망과 수술이 실패했을 때에 대한 두려움이 공존했습니다.

12일간의 입원 기간 치료를 받고 퇴원하여 집에서 추가 요양을 했습니다. 수술 직후에는 새로운 통증과 불편함이 있었지만, 시간이 지남에 따라 수술 전의 만성 통증이 점차 사라지는 것을 느낄 수 있었습니다. 점진적인 재활 과정을 거쳐 1년 후에는 골프도 부담 없이 즐길 수 있을 정도로 회복되었고, 일상생활에 지장이 없게 되었습니다. 수십 년 만에 처음으로 통증 없이 아침에 일어날 수 있었고, 장시간 걷거나 서 있어도 문제가 없습니다. 비로소 인생의 새로운 장이 열렸습니다. 이 고통스러운 경험은 건강의 소중함과 일상 속 건강 관리의 중요성을 깊이 깨닫게 해 주었습니다. 이후, 나는 네 가지 중요한 생활 습관을 갖게 되었습니다.

첫째, 안전사고 위험 관리입니다. 일상생활에서 발생할 수 있는 다양한 안전사고(교통사고, 낙상, 화상, 중독, 감전, 익사, 추락, 산행 사고 등)에 대한 위험을 항상 인식하고 예방하는 습관을 들였습니다. 특히, 나이가 들수록 위험성이 높아지는 낙상 사고에 특별히 주의를 기울이게 되었습니다. 둘째, 건강한 식습관을 유지하기 위해 노력합니다. 규칙적인 식사 시간을 지키고, 균형 잡힌 영양 섭취를 위해 다양한 식품군을 골고루 섭취합니다. 과식이나 폭식을 피하고, 가공식품보다는 자연식품을 선택하며, 충분한 수분을 섭취합니다. 음식물이 연소하여 생기는 에너지 양에 대한 이해를 바탕으로 탄수화물, 지방, 단백질을 적절한 비율로 섭취하고자 합니다. 아침은 간단하게 채소, 견과류, 달걀, 요구르트 등을 섭취하고, 외부에서 먹는 점심과 저녁도 영양 분포를 고려합니다. 젊을 때의 과도한 음주 습관도 한 달에 한두 번으로 대폭 줄이는 등 절제하는 삶을 살고 있습니다. 셋째, 규칙적인 운동 습관을 들였습니다. 일주일에 3~4일, 헬스장에서 한 시간 정도 몸 상태에 맞춰 스트레칭, 유산소 운동, 근력 운동을 균형 있게 실천합니다. 무리한 운동은 오히려 부상의 위험을 높이므로, 최대 운동 능력의 60~70% 정도의 적절한 강도로 운동하며, 심박수를 고려한 운동 강도를 유지합니다. 특히 허리와 핵심 근육 강화에 중점을 두어 척추를 안정적으로 지지할 수 있는 근력을 기르고 있습니다. 넷째, 전반적인 생활 습관 개선에 신경 씁니다. 과도한 목표와 일정으로 인한 스트레스가 건강에 미치는 부정적 영향을 인식하고, 무리한 계획이나 약속을 줄이는 노력을 하고 있습니다. 우유부단한 결정을 미루지 않고 명확하게 처리하며, 효율적인 시간 관리를 통해 일과 휴식의 균형을 유지하고자 합니다. 충분한 수면과 스트레스 관리도 건강한 생활의 중요한 요소로 인식하고 실천하려고 노력하고 있습니다.

우리는 종종 건강을 당연하게 여기다가 잃고 나서야 그 소중함을 깨닫게 됩니다. 17세의 젊은 나이에 한순간 부주의로 인해 수십 년의 고통을 겪었듯이, 건강을 잃는 것은 순식간이지만 회복은 길고 매우 지난한 과정입니다. 현대 의학의 발전으로 많은 질병과 부상의 치료가 가능해졌지만, 예방이 언제나 최선의 치료법이라는 사실은 변하지 않습니다. 부주의한 작은 습관들이 예기치 못한 사고나 건강 문제를 불러올 수 있으며, 한번 손상된 건강을 완전히 회복하는 것은 매우 어려운 일입니다. 인생에서 건강만큼 소중한 자산은 없습니다. 부와 명예의 성취도 건강이 뒷받침되지 않으면 삶의 의미가 크게 퇴색됩니다. 매사에 조심하고, 건강한 생활 습관을 일상화하는 것이 중요합니다.

우리가 모두 단순히 오래 사는 것이 아니라, 건강하고 활기찬 삶을 누릴 수 있기를 진심으로 바랍니다. 나의 이야기가 여러분의 건강한 삶을 위한 작은 계기가 되고, 누군가에게는 불필요한 고통을 예방하는 데 도움이 되길 소망합니다.

4장

인생 후반기에
글쓰기를 시작합니다

열 타임의 하루

정영미

　방학이 끝나고 유치원에서 방과 후 동화동극 강사로서의 활동이 시작되었다. 처음 만난 유치원 아이들은 나의 중성적인 외모를 보고 "남자예요? 여자예요?"라고 첫인사를 건넸다. 초보 강사 시절에는 이런 질문이 당황스러웠다. '어떻게 말해야 하지? 내가 남자로 보인다고?' 기분이 언짢아져 "여자예요"라고 대답했다. 외모가 중성적이다 보니 대학교 시절 군대에서 휴가 나온 친구들과 만났을 때 비슷한 경험이 있었다. 친구가 "영미야, 너는 화장품값 많이 들겠다"라고 농담을 했다. 내가 "나는 화장 잘 안 하는데"라고 하자 "너는 얼굴이 크니까 기본만 발라도 많이 들잖아."라며 웃어넘겼다. 친구들은 재미있어하며 웃었다. 나는 기분이 상했다. 속으로 '너랑 다시는 안 만날 거야'라고 생각하며 집으로 왔다.

　남들보다 머리가 큰 건 사실이었다. 모자도 여자용보다는 남자용이 더 편하다. 그래서 특별한 경우가 아니면 모자를 쓰지 않았다. 그런데 30대 중반 동극 공연 무대에 오르면서 남들보다 큰 내 얼굴이 오히려 장점이라는 걸 깨달았다. '얼굴이 크니 멀리 있는 관객도 내 표정을 잘 볼 수 있잖아. 나는 TV용 얼굴이 아니라 무대용 얼굴이야.' 이렇게 생각하니 얼굴 크기에 대한 콤플렉스는 없어졌다.

그 후로 외모에 대한 지적이나 농담이 예전처럼 거슬리지 않았다. 그러나 여전히 '남자 같다', '뚱뚱하다'라는 말은 거슬리고 기분이 상했다. 자신에 대한 열등감이었다. 그러다 어느 날, 아이들이 사람을 바라보는 시각이 솔직하고 직관적이라는 걸 깨달았다. 나도 가끔 '저 사람 여자야? 남자야?'라고 생각한 적이 있었다. 다만 나는 속으로만 생각하고 말하지 않았을 뿐이었다. '아이들은 그냥 보이는 대로 말하는구나.' 아이들에게 골격이 크고 머리가 짧은 내 모습이 남자로 보일 수도 있다는 걸 인정하게 되었다. 그 후로 아이들에게 웃으며 "남자처럼 골격이 크고 힘센 여자예요."라고 당당하게 말했다. 아이들은 동화를 듣고 극놀이 하는 수업을 좋아한다. 수업이 끝날 때면 "왜 이렇게 빨리 끝나요? 가지 마세요."라고 아쉬워하며 붙들고 늘어진다. 가끔은 그런 아이들 놓고 오는 마음이 짠하기도 하다.

강사가 되었을 때 '오십까지만 해야지'라고 생각했다. 하지만 어느

덧 18년이 지났다. 나는 여전히 수업하고 있다. 이 나이가 될 때까지 나를 찾아 주는 곳이 있을 거라 예상하지 못했다. 내가 사랑하는 일을 꾸준히 할 수 있다는 것이 감사하다. 문득 아들 초등학교 시절이 떠올랐다. 3학년 때 아들의 담임 선생님은 정년을 앞둔 분이었다. 아들은 "담임 선생님이 할머니야. 무슨 말을 하는지 모르겠어." 하며 이해하기 어렵다고 했다. 한 달쯤 지나서 학교 다니기 싫다고 해서 매일 아들을 학교까지 데려다주며 적응할 때까지 도와주었다. 그때 '강사로 활동하는 것은 오십까지만 해야겠다'라고 다짐했다.

처음 수업할 때 어리바리하면서도 열정이 넘쳤다. 10년이 지나면서 동화로 아이들과 하는 극놀이에 대한 이해가 깊어졌다. 요즘 아이들을 보면 너무 예쁘다. 가만히 앉아 있기 힘들어하는 아이도, 부끄러워 웃기만 하는 아이도, 씩씩하게 발표하는 아이도 모두 사랑스럽다. 주변에서 많은 돈을 벌 수 있다며 직업 전환을 권유받기도 했었다. 누가 뭐라고 해도 동화로 극놀이 하는 것을 좋아했기에 계속할 수 있었다. 아이들과 함께한 하루는 정말 행복했다.

남편이 50세가 되면서 회사에서 권고사직을 당했다. 당연히 정년퇴직할 줄 알았는데 갑작스러운 해고는 충격이었다. 아들과 딸은 수도권 대학에 다니며 자취 중이었다. 아이들 학비와 생활비로 1년에

4천만 원이 필요한 상황에서 남편 수입이 제로가 되었다. 남편은 전산실 팀장이었지만 컴퓨터 프로그램 일로 재취업은 하지 않겠다고 했다. 몸으로 하는 일은 하고 싶지 않고, 새로운 일을 시작해 보겠다고 했다. 그때 떠오른 사람이 있었다. 사촌 동효는 40대 중반에 권고사직 당한 후 주택관리사 자격을 취득해 아파트 관리소장이 되었다. 남편과 함께 동효를 찾아가 자격증 취득 과정과 업무에 대해 들었다. 남편은 주택관리사 시험을 준비하기로 했다.

생활비가 가장 많이 필요한 시기에 남편 수입이 없으니 나는 더 많은 수업을 해야 했다. 하루 열 타임을 소화하며 먼 지역까지 이동해 강의했다. 스스로 '철인 강사'라고 생각했다. 덕분에 학비와 생활비를 마련할 수 있었다. 쉼 없이 반복되는 수업으로 나는 지쳐 갔다. 무리한 일정으로 잇몸이 약화되었다. 결국, 50대 중반에 임플란트 7개를 해야 하는 상황을 맞게 됐다.

남편은 9개월 만에 주택관리사 시험에 합격하고 오피스텔 관리소장으로 취업했다. 급여는 전산실 팀장 시절 3분의 1 수준이었다. 나는 여전히 많은 수업을 해야 했다. 3년이 지나 남편은 정식 주택관리사가 되었고, 급여도 올랐다. 이제야 남편이 나에게 생활비 100만 원을 줄 수 있게 되었다. 딸도 좋은 사람 만나 결혼했다. 더 이상 아이들의 학비나 결혼자금을 위해 일할 필요가 없어졌다. 이제는 내 몸을 챙기면서 즐겁게 강의하고 싶다.

아이들과 함께한 동화 동극 수업은 열정과 감동의 순간들이었다. 아이들의 내면을 들여다보고 그들의 상상력이 꽃피는 모습을 지켜보는 일은 너무나도 보람찼다. 이 길을 걸어오며 깨달았다. 단순한 지식 전달이 아니라 아이들의 전인적인 성장을 돕는 일이 내가 즐기는 일이다. 아이들의 내면에 숨겨진 잠재력을 일깨우고 창의성을 북돋워 주는 것이 나의 소명이 되었다.

이른 나이는 아니지만, 예전 스피치에서 만난 이선희 작가와 글을 쓰기로 했다. 작년 여름에 바쁠 때 만났는데 내가 조금 여유 생기면 시작하겠다고 했다. 시간 여유는 생기는 것이 아니라 만들어야 한다. 나는 주변이 어느 정도 정리되자 전화를 직접 걸었다. "지금부터 나의 이야기를 써 보고 싶어요."라고. 그렇게 해서 해냄에 들어가 글을 쓰기 시작했다. 지금 쓰고 있는 내용이 바로 해냄 글쓰기 클래스에서 시작한 나의 첫 공저다. 아홉 사람이 모여서 행복한 글쓰기를 했다. 나는 그 사람들을 격려하고 지지하면서 함께 협력하고 있다. 우리는 글쓰기 동반자다.

어쩌다 작가

이은진

작가라는 직업을 동경했다. 글 쓰는 고통이 있지만, 월급 대신 인세로 보상을 받는 자유로운 삶이 매력적으로 느껴졌다. 베스트셀러가 되어 돈도 많이 벌고, 출간기념회를 하고 사인하며 유명해질 거라고 오해했다. 내 책에 사인을 하고 독자와 소통하는 모습이 근사해 보였다. 특별한 사람이 작가가 되는 줄 알았다. 대단한 업적을 가진 분들이 책을 쓰고 작가가 된다고 생각했다. '과연 나도 작가가 될 수 있을까?' 하는 궁금증이 발동했다. 많은 사람이 자신의 이야기 책 한 권은 거뜬히 나온다고 한다. 나도 그랬다.

온라인에서 함께 공부하며 만난 분들이 에세이 공저를 썼다고 한다. '우와~ 대단하다!'라고 생각하는 동시에 '어떻게 책을 썼을까?' 하는 궁금증도 있었다. 평범한 일상을 보내는 일반인도 작가가 된다. 여행 수필 책을 읽으면 '나도 여행 수필 작가가 될 수 있겠는데?'라며 거만한 생각을 했다. 나도 책 쓰기가 가능하겠다는 근거 없는 자신감이었다. 문득 나의 이야기를 담은 책을 써 보고 싶었다. 그러던 중 브런치 스토리를 알게 되었다. 브런치 스토리에 글을 쓰면 브런치 작가 당선이 된다고 한다. 브런치 작가 되기에 기웃거렸다. 브런치 글쓰기를 시도했었다. 쉽지 않았다. 어떤 글을 써야 할지 막막했다. 나중에 시간이 많아지고, 어떤 글을 써야 할지 명확해지면 다시 해 보리라 하고 멈췄다.

이선희 선생님이 운영하는 시트 북 독서 모임에서 미동산수목원 야외 독서 모임을 했던 날이다. 이선희 선생님과 같이 차를 타고 돌아오며 이런저런 이야기를 했다. 선생님은 나의 재능을 알아보신 건가? 10년간의 간호사 이야기를 글로 풀어내면 재미있을 것 같다며 책 쓰기 제안을 했다. 그동안 해 온 간호사의 일상 에세이 책을 써 보고 싶은 마음없진 않았다. 우선 공저 쓰기를 해 보자고 제안한다. 바쁜 일상에 글쓰기까지 고민이 되었다. 나를 해냄에 들이고 싶은 꼬드김일 수 있었지만, 마음 한편 작가의 꿈이 있었기에 공저 3기에 함께하기로 했다. 2024년 8월에 시작해서 11월에 책이 출간되고, 잠실 교보문고에 출판이 된다고 한다. 과연 내가 작가가 되다니! 신기하고, 설렘이 가득했다. 작가 사인은 어떻게 하지? 이런저런 기분 좋은 상상의 나래를 펼친다. 설마 작가가 될까 싶었다.

2024년 11월 24일, 『인생 꽃이 피는 시간』이라는 책이 출간되었다. 우물 안 개구리처럼 평범한 학창 시절을 보내온 이야기부터 간호학과 입학, 병원에 취업해서 좌충우돌했다가 성장하고 나아지는 현재의 모습을 글로 적어 본 인생 에세이다. 출간이 되기까지 어떤 글을 써야 하나 고민이 많았다. 인생의 굴곡이 크게 없고 큰 사건·사고도 없던 평범한 일상이라 글쓰기에 대한 고민을 안 할 수 없었다. 같은 동네에 사는 이선희 선생님을 몇 번 찾아가 개인 코칭 받은 덕분에 글이 완성되었다. 빈 종이를 펼치고 36년 인생 일대기를 적었다. 굵직굵직한 사건 키워드를 생각나는 대로 적었다. 키워드를 토대로 매일 한 꼭지씩 글을 썼다. 말이 안 돼도 일단 분량을 채웠다. 머리를 쥐어짜도 글이 안 나오면 ChatGPT의 도움도 받았다. 제출해야 하는 기한은 다가오고, '내가 이걸 왜 한다고 했을까?' 후회도 했다.

막상 출간되니 부끄럽고 민망했다. 누가 읽으면 어쩌나 하는 생각이 가득했다. 그런데 진짜 책이 출간되었다. 공저이지만 나의 경험, 이야기가 담긴 나의 첫 책이다. 책이 출간되고 시트북 스토어에서 출간기념회까지 마쳤다. 출간기념회 전까지는 실감이 나지 않았다. 출간기념회를 하고 나니 작가구나 싶었다. 믿기지 않지만 어쩌다 공저 작가가 되었다. 작년 한 해 이루어 낸 대단한 업적 중 하나이다.

2024년 12월 21일, 첫 인세 18,337원이 입금되었다. 신기하다. 아주 적은 금액이지만 작가로서 받은 수입이다. 나의 책이 출간되고 세상에 많이 알려지면 수입이 많아지겠지? 더 많은 책을 쓰고 싶었다. 하지만 초고, 퇴고 등 모든 과정이 처음이라 그런지 힘들었다. 당분간 책 쓰기는 쉬고 싶은 마음이었지만, 공저 2권째 쓰고 있다. 글쓰기 실력은 부족하지만 주 1회 글쓰기 수업을 들으며 채워 나가고 있다. 여전히 글쓰기, 책 쓰기는 어렵다.

나는 어쩌다 작가가 되었다. 나 혼자가 아닌 공저 모임을 했기에 가능했다. 작가가 되고 싶다면 책 쓰기 모임에 함께해야 한다. 강제성이 있어야 실현이 가능해진다. 시작은 미미하고 언제쯤 되려나 하겠지만, 어느새 현실이 된다. 책 쓰기 모임뿐이 아니다. 바꾸고 싶은 습관이 있다면 그 모임에 들어가 습관을 만들면 된다. 나도 바꾸고 싶어 집 정리, 가계부, 시간 관리, 걷기 등의 소모임 활동 중이다. 나는 성장 중이다. 공저 작가에서 간호사 작가로 성장하고 싶다. 현직에서 일하는 간호사 작가가 되고 싶다. 전자책 출판도 하고 싶다. 간호사 작가로 성장하기 위해서 올해 처음 하는 일이 있다. 바로 업무 키워드 적기다. 우선, 타임 블록에 업무 이벤트를 적고, 그날의 키워드를 적고 있다. 간단한 메모만으로도 그날 있었던 이미지가 떠오른다.

작가는 매일 글 쓰는 사람이다. 글쓰기 할 시간을 정하고 무엇을 쓸지 기획하고 쓰면 된다. 글쓰기 수업에서 제공되는 글쓰기 서식 양식을 이용하고 있다. 글쓰기 서식 템플릿의 도움을 받으니 글의 구조가 안정적이고, 전하고자 하는 메시지도 쓸 수 있다. 1년 전 시작한 블로그에서는 간호사 일기를 '쓰다 말다' 했다. 다시 간호사 일기에 도전해 보려 한다. 오후 퇴근 후에는 간단히 그날의 키워드를 적고, 다음 날 아침에 블로그 글쓰기를 시작해 보려고 한다. 현재 간호사 일기로 쓴 22편의 글이 쌓여 있다. 매일 쌓아야겠다. 쉽지 않겠지만 엉덩이 딱 붙이고 의도적으로 인내하며 매일 정한 시간에 글을 쓰는 나는 작가다.

머지않아 공저가 아닌 나만의 개인 저서가 출간되기를 기대해 본다. 간호사의 경험으로 영향력을 주는 간호사 작가를 꿈꾸어 본다.

공부하다 여행용 가방과 함께 쫓겨날 뻔

김선자

사람이 살아가면서 변화의 기회는 언제나 필요합니다. 쉼 없이 달려왔던 나의 인생을 삶의 전환점에서 새로운 기회를 찾아 나서는 것이 중요하다고 느꼈습니다. 나의 역사를 뒤돌아보며 감정과 생각을 표현할 수 있는 글쓰기를 시작해 봅니다.

전문대학교에서 유아교육을 전공한 후, 어린이집에서 쉬지 않고 일했습니다. 둘째를 가지려고 했지만 자연 유산이 반복되면서 직장을 그만둘까 고민하던 중, 직접 어린이집을 운영해 보면 스트레스가 적을 것 같다는 생각이 들어 운영하게 되었습니다. 어린이집이 안정되었을 때쯤 둘째를 임신했습니다. 임신 후 여러 사건이 있었지요. 다운증후군 검사에서 수치가 높아 세 곳이나 다니다가 결국 양수검사를 하게 되었습니다. 마음을 졸였지만, 결과는 정상이었습니다. 소영이를 낳고 나니 건강하게 태어난 것에 감사하고 기뻤습니다. 그러나 어린이집을 운영하다 보니 출산 휴가는 할 수 없었고, 갓난쟁이를 데리고 새벽같이 출근하는 것이 문제가 되었습니다. 어린이집을 접을 수밖에 없는 상황이 되었답니다. 이 일은 저에게 처음으로 일을 쉬는 계기가 되었습니다.

일하다 갑자기 쉬어 보니 시간을 어떻게 써야 할지 몰랐습니다. 오랜 직장 생활로 같은 아파트에 아는 사람도 없었습니다. 소영이가 돌이 지나자, 소영이를 업고 아파트 주변에 있는 산에 올라갔습니다. 그러던 중, 종이접기 공방을 발견했습니다. 소영이를 유모차에 태워 종이접기와 종이공예를 배우며 지냈습니다. 그러다 문득 "이 시간을 효율적으로 보내고 싶어."라고 남편에게 말했습니다. 남편은 제가 하고 싶은 대로 하라고 했습니다.

갑자기 한국방송통신대학교에 편입하면 좋겠다는 생각이 들었습니다. 오리엔테이션날, 주변을 보니 공부 모임의 회원을 모집하고 있었습니다. 기왕 하는 것 열심히 해 보겠다는 마음으로 공부 모임에 들어갔습니다. 대부분 나보다 나이가 많고 아이들이 초등학교에 다니고 있었습니다. 나는 언니들에게 "아기가 어려서 가끔 데려올 수 있어요."라고 했더니 괜찮다고 말해 주었습니다. 서로 배려하며 소영이의 간식도 챙겨 오고, 함께 놀아 주면서 즐겁게 배움의 시간을 보냈습니다.

 과 대표를 하던 은순 언니가 학회장직을 나가며 "선자야, 네가 부학회장을 하면 좋을 것 같아."라고 권유했습니다. 나는 나서서 하는 것은 잘 못하지만, 누군가를 돕고 보좌하는 것은 잘 할 수 있다고 생각했습니다. 은순 언니를 따라다니며 교육과를 위해 봉사했습니다. 그 당시에는 일일 찻집이나 일일 호프를 열어 운영 자금을 마련하던 시절이었습니다. 나는 은순 언니와 함께 여러 행사에 참여하며 매일 귀가 시간이 늦어졌습니다. 처음에는 12시, 그다음에는 새벽 1시까지. 그러던 어느 날, 남편이 아파트 현관 앞에 여행용 가방 하나를 놓아두었습니다. 그날따라 나는 술을 제법 많이 마시고 귀가했습니다. 귀가 시간이 늦어 살금살금 들어갔습니다. 발끝에 걸리는 무언가가 있었습니다. 여행용 가방이었습니다. '나를 놀리려고?' 생각하면서 "뭐야, 여행용 가방에 아무것도 없잖아." 남편이 나를 반성하라고 빈 여행용 가방을 현관에 놓아두었던 것이었습니다. 나는 큰소리로 "빈 여행용 가방을 놓으면 어떻게 해. 보내려면 옷이라도 챙겨서 넣어야지." 하며 발로 여행용 가방을 차 버렸습니다. 남편이 나의 소리를 듣고 나오더니 어이없는 표정으로 "조용히 그냥 자자." 하고는 방으로 들어갔습니다. 나는 후딱 씻고 나와서 언제 잠이 들었는지도 모르게 잠이 들었습니다.

그런 일이 있었던 후에도 나는 학교 일을 맡아 잘 수행해야 한다는 핑계를 대며 학교 축제와 작은 모임에도 열심히 쫓아다녔습니다. 또 한 번은 은순 언니와 법학과 일일 호프에 갔다가, 하나둘 모이기 시작하니 2시가 넘도록 집에 가지 못했습니다. 마음이 조급해지는데, 은순 언니는 "조금 더 있다가 가자." 하며 화장실에 갔습니다. 그때 은순 언니의 휴대 전화가 울렸고, 나는 얼른 전화를 받았습니다. "여보세요? 은순 언니 화장실 갔어요."라는 말이 끝나기가 무섭게 은순 언니의 남편의 목소리가 크게 들렸습니다.

"지금 몇 시인데 여자들이 집에도 안 들어가고 밖에서 이러고 있습니까?"

나는 깜짝 놀라 술이 확 깨며 "죄송합니다. 금방 갈게요."라고 말했습니다.

그때 은순 언니가 오길래 "언니, 아저씨 화 많이 났어요."라고 했더니 "괜찮아."라며 전화를 받았습니다. 금방 간다면서 전화를 끊고 서두르지도 않고 뒷정리까지 하며 언니 차를 타고 집으로 돌아갔습니다. 지금 생각해 보면 왜 그렇게 정신없이 학교생활을 했는지 이해가 되지 않습니다. 그때의 인연으로 은순 언니와 가끔 만나 골프도 치며 지냈습니다.

그러던 어느 날, 은순 언니가 "시간 되면 나랑 스마트 경영 포럼 갈래?"라고 전화했습니다. 많은 사람이 모인 자리에서 이선희 대표님을 만났습니다. 이선희 대표님은 예전에 지역사회협의회에서 글쓰기, 독서 과정과 부모 교육 과정을 수강한 인연이 있었기에 내 머릿속에 기억되어 있던 분이었습니다. 우연히 주고받은 전화번호로 사진을 보냈더니 답장이 왔습니다. 우리는 만남을 갖게 되었습니다. 이렇게 멋진 분을 만나 글쓰기에 입문하게 되었습니다. 글쓰기를 통해 나의 삶을 되돌아보는 계기가 되었고, 과거의 나로 돌아가는 기분이 들었습니다. 차분하게 나의 역사를 되짚는 시간이 저에게 반성과 감사함을 주는 소중한 시간이 되었습니다.

글쓰기를 시작한 나는 많은 생각 해 보았습니다. 나의 일은 다른 사람들에게 정보를 전달하고 효과적으로 제품을 알리는 일입니다. 나의 스토리텔링을 가지고 성장과 발전에 긍정적인 영향을 미칠 것입니다. 나의 역사를 밝혀 줄 디딤돌 역할을 할 수 있도록 열심히 글쓰기를 해 보려 합니다. 글로 제가 누구인지 알리고 내가 하는 일을 더 쉽고 편안하게 잘 이해하고 전달하기 위해서도 글쓰기가 필요합니다. 매주 듣는 수업 시간이 거듭되다 보니 글이 쓰고 싶다는 용기가 생겨서 해냄 4기 공저도 참여하고 있습니다. 문장은 쉽게 쓰자. 짧게 쓰자! 그리고 명확하고 구체적으로 작성하자는 말이 기억납니다. 매주 화요일마다 줌에서 열리는 글쓰기 수업은 글의 주제

잡기, 소재 찾기 그리고 핵심 메시지를 배울 수 있습니다. 가장 중요한 내용은 '내가 쓴 글을 읽을 사람은 누구인가?(독자)'를 먼저 설정하고 글을 한 꼭지 작성합니다. 글쓰기는 내면에 있는 나와 만나서 어제 무엇을 했는지! 질문으로 시작합니다. 글쓰기가 조금씩 익숙해집니다. 익숙해지면 편안해지겠지요?

원래 떠밀려 가는 거구나
라선경

끌어당김이라고? 내가 원했다고?

"언니는 글 써야 해."

한 주 듣고 시간이 지나면서 '좋긴 한데, 어떻게 해내지?' 그 생각에 복잡해졌다. 열정적인 해냄 이선희 작가님이기에 안 한다고 할 수도 없고, 내면에서 저항이 일어났다. 하기 싫었다. 할 일도 많은데 짜증이 났다.

2024년 12월, 사무실에서 동생과 회의 중에 김선자 사장님과 미팅을 하는 분이 계셨는데, 끝났는지 우리에게 다가오며 인사를 하셨다. 쉰 목소리에 환하게 웃는 미소를 보니 밝은 에너지와 함께 리더의 모습이 보였다. 함께 마주 앉아 이야기를 나누다 보니 우리는 서로에게 매료당했다. 사람을 파악하는 능력, 경청하는 자세, 피드백해 주시는 내용을 보면서 동생은 최근 고민했던 부분들을 꺼내 놓왔고, 명쾌한 답을 들은 듯 감동하는 기색이 역력했다. 코칭, 글쓰기 지도 등 20여 년간 여러 자격을 갖춘 배울 점이 많은 분이심을 느낄 수 있었다. 누구나 작가가 될 수 있다. 글쓰기 모집을 한다는 말씀에 동생이 나를 피력했다. 어릴 때 글을 잘 써서 상을 많이 탔다고. 요즘은 자신의 매력을 보여야 한다는 것을 알았기에 쑥스럽지만, 글짓기 대회를 나가 수상한 경력이 많았음을 자랑하게 되었다.

하고 싶게 만들고 도전을 잘하는 동생에게 또 말리나 싶었는데, 선자 사장님도 한다기에 나도 함께하기로 급하게 결정하게 되었다.
"언니는 글 써야 해. 인기 도서가 될지 누가 알아?"
어릴 때 큰언니가 글짓기 대회에서 상품으로 타 온 대백과사전과 빨간색 카세트를 통해 세상을 보며 꿈꿔 왔다는 얘기를 이선희 작가님을 만난 며칠 뒤 동생에게 듣게 되었다. 그 말에 잠깐 감동이 전해졌다. 동생들에게 늘 공부하라고 강요했던 나였다. 그런 내가 글짓기 대회에 나가서 상을 타 오고 부상으로 형편이 어려워 살 수 없었던 상품들을 공유하면서 동생들에게 꿈이 되기도 했구나! 뒤늦게 알아챘다.

어쩌면 지금이 타이밍일까? 2022년도에 버킷리스트 중 '인생 이야기 저는 책 출간이 처음인데요 저자 김인섭 / 라선경' 이렇게 써놓은 것이 있었다. 내 인생 이야기뿐 아니라 남편과 나의 인생 이야기가 될지도 모를 지나온 숱한 시간을 책에 이름 석 자 남겨서 누군가에게 위로와 도전이 되면 좋겠다는 마음이었다. 책 쓰기 버킷리스트를 언제 이룰지 정하진 않았지만, 번갯불에 콩 구워 먹듯이 결정되고 만남이 정해지기까지 오랜 시간이 필요하지 않았다. 사무실에서 첫 만남에 선택이 이루어진 것이다. 또 하나를 시작한다는 것이 벅차게 느껴졌지만, 이미 엎질러진 물, 변경할 수는 없었다. 너무 기뻐한 이선희 작가님의 모습도 어른거렸다.

그렇게 시작한 글쓰기 수업! 모두 다 바쁜 일정으로 맞추다 보니 매주 화요일 오전 8시로 정해졌다. 이선희 작가님과 라선경·라미영 자매와 김선자 사장님 이렇게 4명이 시작했고, 인원도 늘어났다. 수업을 들으면서 평범했던 사람들이 배움이 되고 인연이 되어 책을 출간하고, 또 다른 인연으로 만나 새로운 타인의 삶을 들여다보며 힘을 얻는 시간인 것 같다는 생각이 들었다.

글쓰기 수업을 하기로 하고 이선희 작가님이 선물로 주신 책 『마흔에 꽃피운 삶을 고백합니다』를 빠르게 읽어 나갔다. 한 달에 2권의 책 읽기가 목표였기에 2주 만에 읽었다. 작가님의 삶이 궁금했다. 누구나 각자가 겪어야 할 고통의 과제가 있는 것일까? 그 가운데 고통 앞에 순응할 것인지 역행할 것인지는 오직 나 자신에게만 있다는 것을 이선희 작가님의 책을 읽고 다시 한번 느꼈다.

첫 주는 새로운 것이 배움으로 인한 신세계로 들렸다. 배우면서 그래서 뭐든 배움은 중요하다는 것을 느끼는 시간이었다. 그러나 한 주가 바쁘게 흐르면서 둘째 주 수업을 들어가기 전에는 글쓰기가 엄청난 부담감과 저항으로 다가왔다. 내 성격상 한다고 했으면 약속에 대한 책임을 지는 타입인데, 설상가상으로 늦게 일어났다. 나는 잠을 늦게 자는 편이다. 그러다 보니 남들이 새벽에 일어나서 운동하고 독서를 하는 것을 선뜻 하지 못한다. 그날도 몸이 너무 힘들었다. 갈등하다 저항을 뚫고 시작한 수업을 들으면서 생각이 바뀌기 시작했다. 기왕 하기로 한 거 즐기며 해 보자. 일도 글도, 내가 잘 쓰는 말 있잖아.

두 마리 토끼 다 잡자! 아니, 세 마리 토끼 다 잡자고. 글쓰기는 나의 어릴 적 재능을 잘 살려 낼 것인지, 글을 쓰고자 하는 분들에게 용기와 도전이 될 것인지, 아니면 나의 부족함을 직면하게 될지 모르겠다. 그렇게 마음먹고 나니 조금 버겁고 할 일도 많고 피곤하기도 했다. 시간 배분이 어려우리라 생각했던 부분들이 이선희 작가님의 열정과 알찬 수업 내용 덕분에 재미있었다. 만남을 갖게 된 분들과 앞으로의 인연이 기대되기도 했다.

 핵심 문장을 선택하고, 짧고 명확하게 독자를 생각하며 써야 한다는 내용은 내 평소 글 쓰는 습관을 점검하게 했다. 블로그를 시작하는 것, 추천한 책을 읽는 것, 매일 글쓰기를 하는 것 등 실천해 보겠다고 했지만 하나도 못 하고 숙제하듯 내가 잘하는 출석을 하고 있다.

 공저가 뭔지도, 서평이 뭔지도 모르던 내가 하나씩 알아 가고 있다. 시작이 반이다. 처음 쓰는 글은 쓰레기라고 하셨다. 속이 후련한 말씀이다. 내가 쓴 글을 읽어 보니 부끄러워서 드러낼 수가 없겠다는 생각이 들었는데, 한순간에 날리는 말씀이었다. 더 잘하기 위해 나 자신을 채찍질하거나 비난하지 말자. 비교가 아닌 나만의 인생 정리 노트라고 보면 어떨까? 우여곡절 많았던 내 나이 50을 넘어선 시점에서 돕는 전문가 스승님이 계시니 가능했다. 함께하는 작가님들의 삶도 궁금해졌다. 다들 열심히 사는 분들이신 것 같았다. 내 삶에 또 하나 창조가 일어나는 시간을 보내고 있다. '작정하고 하려면 안 된다더니, 원래 떠밀려 가기도 하는구나!'라는 생각이 드는 글쓰기다. 네트워커의 직업과 작가라는 타이틀이 나쁘지 않았다. 글쓰기 수업을 하다 보니 책을 내는 작가들이 많다는 것도 알게 되었다.

다들 자신만의 파란만장한 삶과 느낌이 있기에 도전하고 배우며 작품이 세상에 나온다. 하나만 하는 사람과 두세 가지를 해내는 사람. 나는 두 번째 삶을 선택하고 나아가고 있는 셈이다. 원래 인생은 떠밀려 변화의 장에 들어서지 않으면 새로운 것을 창조하지 않게 되는 것 같다.

나 역시 강풍이 삶 가운데 없었다면 직업이 바뀌지 않았을지도 모른다. 당시에 죽을 것같이 아프고 힘들었던 강풍이 지금은 순풍에 돛달고 평안히 떠밀려 가듯 내 삶을 흘러가고 있는 듯하다. 힘 빼고 섭리 안에 떠내려가는 인생 앞으로 더 궁금하다. 가는 길에 어떤 일이 닥칠지, 누구를 다시 만날지 모르는 인생이다. 그래서 더 기대되고 재미있다.

나는 내가 참 좋다

류정희

　초등학생 때부터 글 쓰는 것을 꽤 좋아했었다. 메모하는 것도, 편지를 쓰는 것도 참 좋아했다. 누군가에게 선물을 하나 할 때는 간단하게라도 편지를 써서 함께 넣어야 마음이 좋았다. 회사 다닐 때는 선생님들께 월급명세서를 뽑아 드리면서 명세서만 넣어 드리기가 허전해 감사의 편지를 써 봉투에 같이 넣어 드린 기억도 있다. 특히 누군가에게 작은 응원이나 격려가 되고 가능성을 발견해 주는 글쓰기를 좋아했다.

　지금 생각해 보면 글쓰기는 오히려 내 마음을 다독이고 따뜻하게 하는 일상이었던 것 같다. 그래서 지금도 매일 글을 쓰는 작업이 즐겁다.

　얼마 전에 적은 분량이지만 자서전 전자책을 냈다. 내가 태어나던 순간부터 살아 있는 지금까지를 추적하며 나를 만났다. 설렘과 후회의 순간들도, 속상하거나 행복한 순간들이 새록새록 떠올랐다. 그동안 잊고 지낸 고마운 사람들이 많았다는 것도 알게 되었다. 그러나 무엇보다 그때의 감정들과 재회하면서 나를 마주할 수 있어 좋았다.

100세가 넘으신 김형석 교수님은 60살이 되어서야 조금 철이 들고, 75세까지는 계속 성장하는 나이인 것 같다고 하셨다. 76세 즈음에 제일 좋은 책을 완성했었노라 하시는 글을 읽으면서, 나는 문득 부모님 생각이 났다. 생각하면 할수록 안타깝다. 너무나 열심히 사셨던 부모님이다. 이렇게 빨리 돌아가실 줄은 상상도 못 했다. 바쁘다는 핑계로 속 깊은 이야기를 많이 나누지 못했다. 어떤 꿈을 가진 소년, 소녀였는지, 아빠, 엄마라는 관계로서의 삶이 아닌 독립적 존재로서의 류점득, 임영순 개인의 삶은 어땠는지 잘 모른다. 알고 싶다. 그리고 알게 해 드리고 싶다. 그러나 시간은 기다려 주지 않았다. 아니, 시간을 놓쳐 버렸다. 부모님의 자서전을 남길 시간을….

사람들은 각자 자신만의 이야기를 품고 있다. 그것이 어떠한 이야기일지라도, 그 이야기는 위대하다. 왜냐하면 사람마다 자신만의 특별한 삶의 경험이 있기 때문이다. 자신만의 꽃을 피우는 시간이 다 다르기 때문이다. 나는 사람들이 자신들의 이야기를 남길 수 있도록 돕는 자서전 작가의 일을 하려고 한다. 사람들이 자신의 자서전을 하나씩 소장할 수 있도록 돕고 싶다. 이 지구상에 유일무이한 존재로 태어나서 어떤 삶을 살아왔고, 어떻게 살아가고 있는지, 자신이 남기는 흔적들이 어떤 연결을 짓게 될지 그 의미를 찾아갈 수 있도록 돕는 일을 하고 싶다. 자신을 알고, 자신의 삶을 더 윤택하고 근사하게 꾸려 갈 수 있도록 말이다. 모든 인간은 유일하다. 가치 있게 살아야 할 사명이 있다고 생각하기 때문이다. 나 역시도 우리 아이들에게 엄마로서의 모습뿐만이 아니라, 한 인간으로서의 류정희를 남겨 주고 싶다.

삶에서 경험한 많은 것들을 통해 나를 만나는 시간이 자서전 쓰기다. 물론 기억하고 싶지 않고, 만나고 싶지 않은 시간의 나도 있을 것이다. 그러나 자신의 삶 속에서 경험한 모든 것들이 어떤 형태로든 '나'의 자양분이 되었다.

나를 좋아해야겠다고 결심했다. 초·중·고등학교 생명 존중 수업을 하면서 자신을 존중하고 좋아하는 것이 얼마나 중요한 것인지 알게 되었다. 학년이 올라갈수록 수없이 해 대는 비교는 자존감을 갉아 먹는 아주 고약 덩어리였다. '나는 소중한 ○○○입니다.'를 어색해하는 학생들을 마주하면서 참 속상하고 난감했다. 내가 소중하고 나를 좋아하는 것이 아주 당연한 사실이어야 함에도 왜 어색한 걸까? 나를 좋아한다고 하는 것도 거저 되는 것만은 아니었다. 연습과 반복 훈련이 필요했고, 그 과정이 자연스러워지니까 내가 나를 좋아해야 하는 이유가 많아졌다.

나는 어떤 사람인가? 마음씨가 부드럽고 항상 노력하는 사람, 기대보다 기여를 통해 발전하고자 하는 사람, 늘 책을 가까이하는 사람, 타인의 말에 경청하는 사람, 주어진 것에 항상 감사하는 사람, 몸과 마음과 영혼을 늘 챙기려고 노력하는 사람 등 내가 나를 좋아할 이유는 너무나 많았다.

나는 내가 참 좋다! 1년 이상 매일 외치는 말이다. 이 말을 외치며 서로를 응원하는 사람들과 함께하는 단톡방도 있다. 누가 보면 참 이상한 집단이라고 말할지 모른다. 하지만 나는 이 공간이 참 좋다. 자신을 응원하고, 진심으로 그 응원을 지지하고 믿어 주는 사람들이 있어 매일 힘이 나기 때문이다.

우리는 모두 자신의 응원단장이 되어야 한다. 힘껏 응원해야 한다. 살아 있는 동안 힘 있게 살아가기 위해 힘껏 내가 나를 응원해야 한다. 가만히 있으면 불만, 불평이 저절로 치고 올라온다. 그 녀석들을 물리치기 위해서라도 의도적인 응원과 감사의 마음이 필요하다. 내 인생의 후반기 자서전을 잘 써내기 위해서라도 "나는 내가 참 좋다!"를 외치는 응원을 쉬지 않을 것이다.

"나는 내가 참 좋다. 나는 있는 그대로의 나를 사랑한다."
"나는 내가 자랑스럽다. 나는 이미 괜찮은 사람이다."
"나는 잘될 사람이다. 나는 잘될 운명이다.'

내 인생도 잘 살고 타인의 삶도 살펴 주면서 가고자 하는 방향으로 나아갈 수 있도록 돕는 일, 이제부터 나는 그 일을 할 것이다. 특히 청소년과 청소년의 양육자를 대상으로 그들에게 이바지하는 사람으로 존재하는 것을 목표로 삼고 있다. 내가 배운 것을 가지고 얼마나 더 확장된 삶을 펼칠지 모르겠지만 나는 확신한다, 잘해 나가리라는 것을. 그리고 그 믿는 힘으로 잘 살아 낼 것이다. 외치는 것만으로도 힘이 난다. 학생들 수업을 통해서도 매일 외쳐 보게 한다. 말은 말 자체만으로도 에너지가 된다.

"나는 가치 있다. 나는 내가 참 좋다."

딸의 편지,
나를 찾아가는 글쓰기

장은경

두 딸이 대학에 진학할 무렵, 학비 부담을 덜기 위해 장사를 시작했다. 가진 돈 3천만 원으로 마트 안에 있는 개인 매장을 인수하며 첫발을 내디뎠다. 처음엔 어려움이 많았지만, 나의 성격과 기질이 장점으로 작용하면서 인수 당시보다 매출을 두 배 가까이 올릴 수 있었다.

장사의 대박은 명절 전쟁에서 시작되었다. 예약은 필수였고, 오후가 되기 전에 재료가 모두 소진되어 영업을 마칠 정도였다. 두 딸은 아직 시집도 가지 않았는데, 명절 후유증을 앓을 정도로 바쁜 날들이었다. 전날 밤부터 밤을 새우고 하루 반나절을 더 일하는 것은 학생으로서는 감당하기 어려운 일이었지만 그런 시간을 함께 견뎌 냈다.

그렇게 아이들 학비와 생활비를 충당할 만큼 벌게 되자 한 번 더 장사에 도전하게 되었다. 이번에는 30평 규모의 백반집이었다. 장사에 대해 아무것도 모른 채 시작한 반찬 가게였지만, 그럭저럭 먹고살 만큼은 되었다. 그 와중에 치매 초기 진단을 받은 친정엄마를 주간 보호센터와 집을 오가며 돌보기도 했다. 잘될 거라 믿고 시작한 식당은 결국 주변 상권이 무너지며 폐업하게 되었다. 그렇게 쉼 없이 달려온 나의 삶에 처음으로 쉼표가 생겼고, 지금은 거의 1년에 가까운 시간을 쉬고 있다. 이제 쉰 살이 된 나는 앞만 보고 달려온 지난 삶을 돌아보며 제2의 인생을 계획하고 있다.

얼마 전 해냄 이선희 글쓰기 코치의 서울 1인 기업 프로 CEO 과정에 초대받았다. 청주에서 세 분, 진해에서 나 한 사람이 참여했다. KTX를 타고 서울에 도착하니 이미 와 있던 분들이 기다리고 있었다. 점심은 1인 기업 대표님이 사 주셨고, 해냄 작가들과 함께 따뜻한 시간을 보냈다. 그곳에서 만난 분들은 모두 삶을 긍정적으로 일구어 온 분들이었다. 애터미로 성장해서 총장까지 오른 분, 평생 교육으로 알차게 살아온 분 등 각자의 길을 꾸준히 걸어온 멋진 사람들이었다.

드디어 발표회가 시작되었다. 이선희 대표님이 초대된 우리에게 "잘 오셨습니다."라며 환영 인사를 건넸고, 이어서 각자의 발표가 이어졌다. 그 모습을 보며 감탄이 절로 나왔다. '나도 언젠가 이 자리에서 내 이야기를 전할 수 있겠지.' 하는 마음이 가슴속에서 꿈틀거렸다. 이날 하루는 참 뿌듯하고 기뻤다. 특히 1인 기업 대표인 김형환 교수님을 만난 건 행운이었다.

나는 지금 어떤 '물'에서 놀고 있는지는 정확히 알 수 없지만 분명한 건 배우고 실행하며 성장하는 사람들과 함께 있다는 것이다. 그리고 나는 그들과 함께 성장해 나갈 것이다. 조녀선 리빙스턴처럼 나는 더 멀리, 더 높이 그리고 미지의 그곳을 향해 날아가고 있다.

내가 글을 쓰기 시작한 계기는, 작은딸의 한 통의 편지였다. 명절을 앞두고 나는 딸에게 주문 명단과 가격표 정리 등 컴퓨터 작업을 부탁했다. 당시 딸은 말레이시아의 한 대학에 재학 중이었고, 코로나19 여파로 학교 졸업을 앞두고 진로와 미래에 대한 불안으로 힘든 시간을 보내고 있었다. 반면 나는 시장에서 재료를 사 와 반찬 가게를 운영하고 있었다. 집에서는 치매 초기이신 친정엄마를 돌보고 있어서 늘 피곤했고, 하루가 어떻게 지나가는지도 몰랐다.

딸은 내 부탁에 짜증 섞인 말투로 "나도 할 일이 많아. 이거 하면 밤새워야 해."라며 방으로 들어가 버렸다. 딸의 뒷모습을 한참 바라보던 나는 알 수 없는 감정에 휩싸였다. 말로 설명할 수 없는 무언가 때문에 가슴이 답답했고, 이유 없이 눈물이 흘렀다.

다음 날 아침, 거실 탁자 위엔 부탁한 자료와 함께 한 통의 편지가 놓여 있었다.

나는 엄마가 그냥 엄마였을 때도, 사장님일 때도 둘 다 좋아요.

엄마 가게를 시작하면서 저도 여러 가지를 배우고 있어요.

엄마는 엄마로서도, 사장으로서도, 아내로서도, 할머니의 딸로서도 잘 해내고 있어요.

그러니 장은경의 삶도 잊지 말고 살아갔으면 해요. 언제나 최고입니다. 엄마의 딸이라서 행복한 윤서가….

그날 이후 나는 내 마음 깊은 곳을 돌아보기 시작했다. '나는 왜 이렇게까지 열심히 살아왔을까?'

'지금부터는 나를 위해 어떻게 살아야 할까?', '그동안 나는 너무 맹목적으로 남만 배려하며 살아온 건 아닐까?' 딸의 편지를 계기로, 나는 나를 찾기 위해 공부를 시작했다. 가게가 상권 문제로 폐업하고, 공백의 시간을 지나며 블로그 글쓰기를 배우게 되었다. 컴퓨터도 익숙지 않았지만 하나하나 배워 나갔다. 처음엔 너무 막막하고 글도 두서가 없었지만 계속하다 보니 감정이 조금씩 흘러나왔다. 때론 눈물이 났고, 때론 멍하니 글을 바라보며 내 마음속을 들여다보았다.

글을 쓰는 건 친구에게 하소연하는 것처럼 마음을 비우는 작업이었다. 그러다 이선희 작가님을 알게 되었고, 글쓰기 수업을 들으며 공저에도 참여하게 되었다. 작가님의 삶은 내게 큰 울림을 주었다.

손주를 돌보며 단단하게 살아가는 모습에서 나와 닮은 부분을 느낄 수 있었다. 처음엔 글 한 편 쓰는 데도 백 번 넘게 고치고 또 고쳐야 했고, '내가 왜 이걸 시작했을까?'라고 생각하며 그만두고 싶을 만큼 힘들었다. 그런데 그 과정을 거쳐 하나의 글이 완성됐을 때, 깊은 뿌듯함이 밀려왔다. '이외수 작가가 글을 쓸 때 방문을 잠그고 완성될 때까지 나오지 않았다.'라는 말이 이젠 조금 이해가 된다. 배움은 콩나물에 물 붓기와 같다. 그냥 흘러내리는 것 같다가 어느 순간 자란다. 지금 나는 그 콩나물을 마주하고 있다. 배움은 결국 나 자신과의 대화고, 다른 사람과 연결되는 다리임을 알게 되었다.

  마지막으로 두 딸에게 꼭 전하고 싶은 말이 있다.

  '누구에게 기대어 사는 삶이 아니라 내가 이끌어 가는 주도적인 삶을 살았으면 좋겠다.'

  두 딸 모두 잘 자라 주어서 고마워! 사랑한다.

나의 삶과 위로

하주언

　호국 보훈의 달. 이날은 내가 상을 받은 날로 기억되고 있습니다. 초등학교 4학년 때, 글짓기반 한일랑 선생님 제자로 1년이라는 시간 동안 글쓰기를 배웠습니다. 글씨 쓰기부터 띄어쓰기, 주제를 정해서 기록하는 법, 원고지 쓰는 법, 다양하게 문법 등을 배웠습니다. 대회도 참가했습니다. 전국에서 3등을 하고, 가족 식사 초대가 있었습니다. 상품도 받았습니다. 손목시계 모양의 큰 시계가 상품이었습니다. 아빠가 그 시계를 걸면서 흐뭇하게 웃고 계셨던 모습이 떠오릅니다.

　말수가 적고 소심한 나는 혼자서 글을 쓰는 것이 즐거웠습니다. 내가 나에게 위로의 글을 써 주기도 했습니다. 그렇게 시작한 초등학교 시절의 일기 쓰기로 글을 쓰기 시작했습니다. 친구와 수다 떨기보다 노트에 나의 일과를 쓰고 속상했던 마음을 기록했습니다. 바쁘게 일하는 엄마에게 이야기할 시간이 부족했고, 혼자서 스스로 해결해야 한다는 생각으로 숙제도 일기도 곧잘 해냈습니다. 기억에는 6살부터 스스로 이불을 펴고, 정리하는 것을 했습니다.

중학교 때부터 일기 쓰기를 하지 않았습니다. 중학교 3학년, 부모님의 이혼으로 마음을 잡을 수 없었습니다. 다시 나는 나를 위로하기 시작했습니다. 쉬는 시간에도 우울한 나에게 편지를 썼습니다. 쉬는 시간에 매점에 가는 친구들이 부럽지 않았습니다. 맛있는 것을 먹는 순간보다 다친 내 마음이 감당되지 않았습니다. 엄마의 부재가 가슴이 멍한 시간으로 채워지기 시작했습니다, 혼자 있는 시간이 좋았습니다. 부모가 이혼한 가족을 세상 모두가 비웃고 있는 듯 여겨졌습니다. 편지는 기도문으로 바뀌었고, 하나님께 기도드리기 시작했습니다. 부모님의 이혼을 막을 수 없었던 내가 원망스러웠고, 힘들어하는 남동생에게 곁을 내주지도 못했습니다. 엄마의 자리를 채운다고 집안일을 했지만, 해 본 적 없었던 집안일은 고스란히 아빠의 몫이 되었습니다. 아빠가 혼자 키웠지만, 엄마 몫까지 다 해내셨습니다. 저는 그 시절에 우울함을 일기 쓰기로 풀어냈습니다. 영혼의 실타래를 풀어 헤치듯 그렇게 살아 냈습니다. 아빠가 희생한 그 세월을 보상하고 싶은 마음도 있어 항상 열심히 최선을 다해서 살고 있습니다.

나는 유치원 교사가 되었습니다. 교사 수기 공모전에서 우수상으로 입상을 하면서 다시 글쓰기를 시작했습니다. 어린 시절의 글쓰기가 나를 위로하기 위해서 기회가 주어진 것 같습니다. 오랜 기간 글을 썼던 습관이 성인이 된 나에게 다시 나답게, 하주언답게 살아갈 수 있도록 방향을 제시하고 있었습니다.

책을 읽고, 나의 관점으로 글을 쓰는 일들이 즐거웠습니다. 읽은 책의 내용을 정리하며 재창조하는 과정을 나누기 시작했습니다. '1주일에 블로그 4포씩 해 보자.' 블꾸챌(블로그를 꾸준히 이어 가는 챌린지)이라는 블로그 구성원들과 함께 성장하는 시간이었습니다. 블꾸챌의 주인장은 열정 장인님입니다. 열정 장인님의 도움으로 꾸준하게 기록할 수 있었습니다.

일만 하느라 바쁜 나에게 또 다른 기회가 찾아왔습니다. 이선희 작가님과 만남이었습니다. 그 인연으로 아무것도 모르고 책 쓰기 클래스에 들어가게 되었습니다. 몰랐으니 시작했겠지요? 아무나 하는 것은 아니라는 생각이 들었습니다. 글을 쓰는 것을 예전에는 모르니까 그냥 했던 것 같습니다. 막상 책으로 집필하는 작업은 나의 잘못된 습관을 잡게 도움을 주었습니다. 글을 써 내려가는 중에 존댓말을 했다가 반말을 했다가 아주 엉망진창이었습니다. 내 나름대로 글을 쓴다고 생각했는데, 부끄러웠습니다. 모르니 배우는 것은 합당한 이치입니다. 지금이라도 매주 글쓰기 강의를 들어야 하는 이유를 알게 되었습니다. 고쳐야 할 부분을 발견하고, 새벽 3시까지 수정하고, 큰 소리로 읽어 보고, 이렇게 반복하는 작업이 글쓰기입니다. 눈만 뜨면 써야 하는 작가의 일상을 경험하게 되었습니다. 그래도 부족함이 많았습니다. 문장을 다시 읽고, 퇴고했습니다. 짝이 된 권광택 작가의 원고를 읽고 나니 내 글은 더 마음에 들지 않았습니다. 둘이 짝이 되어서 원고를 주고받았습니다. 이름하여 짝꿍 퇴고를 했습니다. 마무리 작업을 하고 나니 마음의 평온 여유가 찾아왔습니다. 이제 출간까지의 고비가 남았습니다. 원고 마무리 수정 그리고 프로필과 마무리 글을 올려야 합니다. 인생은 끝이 없습니다. 다 쓰고 출간해도 또 수정해야 하는 것이 우리네 삶과 닮았습니다. 삶의 과정도 수시로 피드백 합니다. 내가 누구인지, 잘하고 있는 것은 무엇인지, 앞으로 남은 시간은 어떻게 살아야 하는지. 글을 쓰면서 자신에게 질문하기 시작했습니다. 그동안 고객의 이야기만 듣고 질문했습니다. 나를 돌아보지 못했습니다. 글을 쓰면서 나에게 묻고 듣기 시작했습니다. 이런 과정이 행복합니다. 글쓰기는 나의 인생의 방황 귀로에서 나침판이 되어 주었습니다. 다시 그 시절로 돌아간다고 해도 나는 글을 쓰고 있을 겁니다. 살얼음판 같은 어린 시절을 보냈고, 결혼해서도 하주언은 없었습니다. 글을 쓰면서 나 자신이 보이기 시작했고, 궁금증이 생겼습니다. 세상에서 가장 중요한 일은 지금 나의 모습 그대로를 사랑하는 일입니다.

  마흔이 되어 쓰고 사유하는 설렘을 가질 수 있다는 일 행복한 도전이었습니다. 포기하지 말고 해 보자고 생각하면서 권위 있는 작가가 되고 싶었습니다. 신은 나에게 고통과 함께 기회를 주었습니다. 지금 여기에 살 수 있게 도왔습니다. 퇴고 작업을 하면서 작가라는 직업의 가치를 알게 되었습니다. 어린 시절에 나에게 위로되었던 일기와 편지는 작은 쓰기의 습관이었고, 나를 작가의 길로 데려다주었습니다. 한 권을 쓰는 작가가 아닌 평생 읽고 쓰는 사람이 되고 싶습니다. 누군가의 방황 앞에 제 글이 작은 이정표가 되어 준다면, 그것으로 충분합니다. 지금도 떨고 있는 누군가에게 작은 등불로 남고 싶습니다. 미래의 하주언 작가님을 상상하며.

글쓰기라는 항로,
독자라는 목적지?

이선희

글쓰기란 나를 넘어서 독자의 세계로 끊임없이 걸어가는 행위입니다. 저는 그 행위를 위해 꾸준히 읽고 쓰고, 관찰하며 살아가고 있습니다. 글은 '내 중심'이 아니라, 완전히 독자 중심으로 써 내려가야 한다는 생각이 글쓰기 태도를 바꿔 놓았습니다. 이러한 인지 후 글을 쓰기 시작하니 사물을 바라보는 관점도 달라지기 시작했습니다. 관심을 가지고 무심히 사물을 바라보면, 새로운 시선이 생깁니다.

세월이 흐르니 마음에 여유도 찾아옵니다. 글을 쓰는 이 순간이야말로 삶으로 피어나는 가장 그윽한 시간입니다. 깊이 관찰할수록 사물과 친밀해지고, 관계가 생기며, 그 관계는 결국 나의 시각을 바꾸게 됩니다. 책을 읽고 글을 쓸 때, 나는 가장 순수한 나로 존재합니다. 마음을 비우고 쓰는 이 순간의 시간이 참 좋습니다. 생각이 자극을 받으면 더 높은 지적 경지에 다다를 수 있습니다. 그 자극은 내가 좋아하는 작가의 문장이 될 수도 있고, 누군가가 쓴 글을 읽고 난 후의 감동일 수도 있습니다. 장석주 작가는 "글은 양적인 조건이 충족되어야 질적 전환이 일어난다."라고 말합니다. 건강하고 창의적인 글을 쓰기 위해서는 배우고 익히는 시간이 필요합니다. 물이 넘치려면 양을 채워야 하듯, 글도 엉망진창일지라도 꾸준히 쓰는 시간이 필요합니다. 꾸준함과 지속성만이 글을 성장시켜 줍니다. 장석주 작가는 "마흔은 인생의 오후"라고 말합니다. 저는 이제 예순이 훌쩍 넘어, 인생의 25% 정도만 남겨 놓은 시점에 있습니다. 남은 시간 동안 얼마나 더 책을 읽고 글을 쓸 수 있을지는 중요하지 않습니다. 단지 쓸 수 있을 때까지 쓰는 것, 그것이 저의 일입니다. 글쓰기는 결코 거창하거나 화려한 작업이 아닙니다. 그저 자신의 경험을 풀어헤쳐 정리하고 정돈해 가는 과정입니다. 에세이스트 은유는 "글을 쓰는 이유는 자기 고통에 품위를 부여하기 위해서"라고 말했습니다. 저 역시 삶 속의 수많은 굴곡과 고난에 품위를 주기 위해 글을 씁니다. 오늘도 어제보다 나은 삶을 위해 꾸준히 글을 씁니다. 우리는 다른 사람의 문장을 통해 사유하고, 의식을 확장하며 살아갑니다.

글을 쓰기 시작한 후의 삶은 이전과는 전혀 다른 길로 접어들었습니다. 약간은 고독하지만, 참으로 행복한 순간이 많습니다. 매일 아침 글을 쓰며 정신력이 단단해지고, 덜 휘둘리는 자신을 만납니다.

삶의 방향이 달라졌습니다. 아침마다 '오늘은 어떤 글을 쓸까?' 고민하게 되니까요. 예전에는 작은 일에도 화를 내고, 소소한 일로 밤을 지새우기도 했습니다. 이제는 훨씬 풍성한 마음의 눈을 갖게 되었습니다. 세상을 우아하게 살아가는 유일한 방법, 그것은 바로 읽고 쓰며, 다른 누군가에게 영향을 주는 삶입니다.

제가 글을 쓰기 시작한 건 작은 꿈을 꾸기 시작한 어느 날이었습니다. 쉰다섯 살, 글을 쓰고 싶다는 강한 욕망이 마음 깊이 올라왔고, 그해부터 목표를 적기 시작했습니다. 첫 번째 목표는 충북대학교 박사 과정 입학이었고, 두 번째 목표는 책을 써서 〈아침마당〉에 나가고 싶다는 것이었습니다. 그러나 그 목표들은 점차 바뀌기 시작했습니다. 이제는 〈아침마당〉에 나가는 것보다 훨씬 중요한 목적이 생겼습니다. 저처럼 5060의 삶을 살아가는 주부들이 어떤 장애에도 굴복하지 않고 자신이 원하는 삶을 살아갈 수 있도록, 저의 이야기를 통해 돕고 싶은 마음이 커졌습니다.

독서와 평생 교육으로 인내하며 살아온 저의 이야기가 한 사람의 삶이라도 가볍게 만들어 주기를 바랍니다. 그윽한 밤바다를 비추는 작은 등대처럼, 누군가의 항로를 밝혀 주는 존재가 되고 싶습니다. 그 변화의 출발점은, 꾸준히 듣고 있는 글쓰기 수업입니다.

저의 스승, 이은대 작가는 이렇게 말했습니다.

"최고 판매자를 꿈꾸지 말고, 오늘이 순간에도 한 글자라도 꾸준히 쓰는 사람이 작가다. 작가의 정체성은 지속해서 쓰는 것을 통해 이루어진다."

저는 우연한 기회로 글 쓰는 환경에 들어와 작가가 되었습니다. 현재 공저 여섯 번째 책을 집필 중이고, 작년엔 개인 책도 한 권 출간했습니다. 이렇게 글 쓰는 삶을 살게 되리라고는 제 주변 사람도, 저도 상상하지 못했던 일입니다. 우리는 결과를 통제할 수 없습니다. 다만 눈이 보이고, 글을 쓸 수 있는 순간까지 그냥 쓰는 것, 그것이 전부입니다. 쓰는 행위를 통해 내가 누구인지 드러낼 수 있습니다. 그것이 바로 저의 정체성입니다. 작가라는 타이틀에 부끄럽지 않게 쓰는 삶으로 증명해 가는 것, 그것이 작가의 길이며 삶입니다. 아직도 '작가'라는 이름이 불편합니다. 그러나 저는 작가입니다. 오늘도, 내일도 글을 쓰며 초보 작가들의 길잡이가 되는 글쓰기 코치로 살아갑니다. 뿌리가 깊어야 열매를 맺습니다, 가슴속에 있는 씨앗을 꺼내 심을 수 있게 도와주는 사람, 그것이 제가 생각하는 글쓰기 코치의 역할입니다.

장석주 작가의 『마흔의 서재』에는 보르헤스의 이야기가 나옵니다. 쉰여덟 번째 생일 이후, 보르헤스는 완전한 실명 상태에 이릅니다.

평생 책을 읽고 쓰며 살아온 그에게 설명은 커다란 절망이었지만, 책을 향한 열망은 절대 꺾이지 않았습니다. 보르헤스는 책을 읽어 줄 사람을 구해서 들었습니다. 피그말리온이라는 서점에서 일하던 소년, 알베르토 망구엘이 그 주인공입니다. 그는 서점의 단골이던 보르헤스의 '눈'이 되어 책을 읽어 주는 역할을 맡게 되었지요. 청년 보르헤스는 수줌음이 많아 낯선 이에게 말도 잘 걸지 못했으며, 국립도서관 문턱이 닳도록 드나들면서도 사서에게 책을 요청하지 못해 온종일 백과사전만 읽곤 했습니다.

이런 보르헤스의 이야기에서 백곡 김득신을 떠올립니다. 조선 시대의 대표적인 독서광이자 시인인 백곡 김득신은 증평, 괴산, 천안의 대표적 인물로 알려져 있습니다. 그는 무려 책 한 권을 수십 번, 백 번, 만 번 이상 읽으며 반복 독서의 본보기를 남겼지요. 저는 김득신과 이덕무 같은 성실한 독서인을 참 좋아합니다. 나이 든 사람으로서 가장 큰 고민은, 언젠가 눈이 나빠져 책을 읽지 못할 날이 올까 하는 두려움이 있습니다. 이제는 오디오북도 있고, 누군가가 대신 읽어 줄 수도 있다는 사실에 안심이 됩니다. 결국 모든 일은 태도에 달려 있다는 걸 다시금 깨닫습니다. 독서도, 글쓰기도 결국은 나를 위한 일이지만, 동시에 독자인 타인을 먼저 떠올리고 맨 위에 놓는 것이야말로 글쓰기의 진정한 출발점입니다. 저는 오늘도 묻습니다.

"이 글 한 편, 누구를 위해 쓰고 있는가?

그리고 이 질문이 오늘의 나를 다시 글 쓰는 사람으로 서 있게 합니다.

생각의 방

권광택

초로에 접어들며 내 마음 한구석에는 글을 써 보고 싶다는 작은 불씨가 있었습니다. 이는 단순한 취미나 일시적인 관심이 아닌, 자신을 깊이 들여다보고 인생의 의미를 진지하게 탐색하고자 하는 갈망이었습니다. 글쓰기가 자신의 내면을 돌아보고 사유하는 훌륭한 도구라 믿었기 때문입니다. 그러나 삶의 분주함, 일상의 책임 그리고 '나에게 그런 재능이 있을까?'라는 끊임없는 자기 의심 속에서 '언젠가, 나중에'라는 모호한 약속으로 소중한 기회를 미루어 왔습니다.

칠십이라는 나이, 많은 이들에게 이 나이가 마무리의 시기, 은퇴 후 조용히 여생을 보내는 시간으로 여겨집니다. 사회는 종종 노년기를 활동적인 참여보다는 점진적인 물러남의 시기로 규정하곤 합니다. 하지만 나는 이제 그런 통념을 뒤로하고 나만의 새로운 정의를 내리기로 했습니다. 칠십은 마무리가 아닌 새로운 시작의 문턱이며,

그동안 미루어 왔던 열망을 실현할 수 있는 황금기라고 말입니다.

　자연과 벗 삼아 마음의 안정을 찾고자 전원주택을 짓기 시작했습니다. 도시의 소음과 번잡함에서 벗어나 새소리와 바람 소리가 들리는 조용한 공간에서 아내와 함께 무엇에도 구속받지 않는 한가로움을 가지고 싶었습니다. 건축 공사가 끝나고 정원 만들기에 여념이 없을 때, 문학적 안목을 지닌 작가들과 이선희 선생님을 만났습니다. 나에게 큰 영감과 오랜 열망을 실천으로 옮길 수 있도록 용기를 주었습니다. 그분들의 진심 어린 격려와 조언은 내 안에 잠자고 있던 글쓰기에 대한 열정에 다시 불을 지폈습니다. 인생에는 '너무 늦은' 시작이란 없다는 진리를 깨달았습니다. 우리 사회는 종종 특정 나이에 특별한 성취를 이루어야 한다는 고정 관념을 심어 주지만, 그것은 단지 인위적인 기준일 뿐입니다. 자신의 나이가 몇 살이든, 지금 시작하면 그것이 바로 '딱 맞는 시기'입니다. 돌이켜보니 나의 칠십 년은 결코 헛된 시간이 아니었습니다. 그것은 이 순간, 이 새로운 여정을 위한 소중한 준비 기간이었습니다. 다양한 경험과 깊은 통찰의 지혜가 없었다면 지금 내가 쓰고자 하는 글은 존재할 수 없었을 것입니다.

　전원주택을 짓던 과정에서 겪은 시행착오는 글쓰기라는 새로운 도전에 귀중한 교훈을 주었습니다. 처음 건축 설계자를 만났을 때 단지 '편안한 집'이라는 막연한 요구 사항만 전달했고, 구체적인 이미지나 세부 사항에 관한 생각 없이 진행했습니다. 그 결과, 모호한 설계도를 받아들일 수밖에 없었고, 건축 과정에서도 충분한 검토 없이 업자와 자재 선정은 많은 오류를 낳아 변경과 수정이 필요했습니다. 즉, 전체 집의 수준과 느낌을 막연한 생각이나 꿈만으로 실현할 수 없다는 사실을 뒤늦게 깨달았습니다.

집 짓기뿐 아니라 글쓰기도 명확한 계획과 구체적인 방향 없이는 원하는 결과를 얻기 어렵다는 것입니다. 막연히 '좋은 글'을 쓰고 싶다는 바람보다는 어떤 주제로, 어떤 형식으로, 누구를 위한 글을 쓸 것인지 분명히 하는 것이 중요합니다. 그리고 이러한 깨달음은 글쓰기와 건축의 놀라운 유사성을 발견하게 해 주었습니다. 글쓰기는 실로 건축과 놀랍도록 닮아 있습니다. 주제 선정은 집의 종류를 정하는 것과 같습니다. 수필, 회고록, 소설, 시 등 어떤 형태의 글을 쓸 것인지 정하는 것은 단독 주택, 아파트, 한옥 등 어떤 종류의 집을 지을지 결정하는 것과 다르지 않습니다. 얼개 짜기는 설계도를 그리는 과정과 유사합니다. 글의 전체적인 구조와 흐름을 계획하는 것은 집의 기본 구조를 설계하는 것과 같습니다. 단락 구성은 방을 배치하는 것에 비유할 수 있습니다. 각각의 생각과 논점을 독립적이면서도 유기적으로 연결된 단락으로 구성하는 것은, 각 공간의 기능과 동선을 고려하여 방을 배치하는 것과 같은 세심함이 필요합니다.

 소재 수집은 건축 자재를 모으는 일과 다르지 않습니다. 주장을 뒷받침할 예시, 인용구, 통계 등의 소재를 모으는 것은 집을 짓기 위한 적절한 재료를 선택하는 것만큼 중요합니다. 문장 작성은 실제 집을 짓는 과정에 해당합니다. 단어와 문장을 선택하고 배열하는 것은 벽돌과 목재를 조립하여 실제 건물을 완성하는 것과 같습니다. 각 단계가 앞선 단계에 의존하며, 앞선 단계가 튼튼해야 다음 단계도 견고하게 진행될 수 있다는 점에서 두 영역의 유사성은 더욱 분명합니다. 앞으로 내가 짓고자 하는 '생각의 집', 세 개의 방입니다. 첫째는 과거를 돌아보는 '회고의 방'입니다. 수십 년간 겪었던 성공과 실패, 만남과 이별 그리고 그 속에서 배운 교훈들을 담아내고자 합니다. 건물의 기초를 다지는 작업과 같이, 내 삶의 바탕이 되었던 경험들을 꼼꼼하게 정리하고자 합니다. 젊은 시절 야망에 차 시작했던 사업, 위기의 순간들을 극복하고 성공에 이르는 과정들, 드디어 아들에게 사업을 물려주기까지의 여정은 내 인생의 주춧돌이었습니다. 둘째는 현재를 담는 '관찰의 방'입니다. 전원주택에서의 생활, 정원을 가꾸는 일상, 사계절의 변화, 자연과 함께하는 소소한 행복들을 기록하고 싶습니다. 집의 창문을 어디에 배치하느냐에 따라 들어

오는 빛과 보이는 풍경이 달라지는 것처럼, 일상의 관찰 지점에 따라 간 현실도 다르게 보인다는 것을 글로 표현하고자 합니다. 바쁜 삶의 일상에서 미처 보지 못했던 작은 것들의 아름다움, 자연의 변화, 계절의 흐름 속에서 발견하는 위안과 지혜를 담아내고 싶습니다. 셋째는 미래를 상상하는 '꿈의 방'입니다. 앞으로의 십 년, 이십 년을 어떻게 살아갈 것인지, 어떤 가치를 추구하며 남은 인생을 채워 나갈 것인지에 대한 비전과 열망을 담고 싶습니다. 이는 건축에서 지붕과 같은 역할로, 내 생각의 집을 완성하고 보호하는 요소가 될 것입니다. 지나온 과거와 현재의 경험을 바탕으로, 남은 인생의 청사진을 그려 보는 작업입니다….

글쓰기는 분명 쉬운 일이 아닙니다. 자기 생각과 감정을 명확하고 감동적으로 표현하는 것은 상당한 기술과 연습이 필요한 작업입니다. 그러나 모든 일에는 순서와 요령이 있듯이, 글쓰기도 마찬가지입니다. 주제 선정, 얼개 짜기, 단락 구성, 소재 수집, 문장 작성이라는 순서와 요령을 익히면 처음 생각했던 것보다 더 빠르고 쉽게 글을 지을 수 있을 것입니다. 칠십의 나이에 글쓰기를 시작한다는 것은 분명 쉬운 결정이 아니었습니다. 사회적 통념, 자기 의심, 실패에 대한 두려움 등 많은 장벽이 있었습니다. 그러나 이 도전을 실행에 옮긴 것에 깊은 감사를 느낍니다. 이 감사함은 내게 기회를 열어준 사람들에 대한 것이기도 하지만, 더 근본적으로는 내 안의 열망이 여전히 살아 있다는 사실 자체가 큰 축복임을 깨달았기 때문입니다. 나이가 들어 감에 따라 새로운 것을 시도하는 용기와 열정이 줄어들기 쉽지만, 내 안에 여전히 배움과 성장에 대한 열망이 살아 있다는 것이 기쁩니다.

 이제 나는 펜을 들고 내 생각의 집을 짓기 시작합니다. 처음에는 서툴고 불완전할지 모르지만, 한 문장, 한 단락씩 쌓아 가다 보면 언젠가는 내가 진정으로 원하는 '글의 집'이 완성될 것이라 믿습니다. 완벽한 글을 쓰기 위해 시작을 미루기보다는 불완전하더라도 지금 시작하는 것이 중요합니다. 모든 위대한 여정은 첫걸음으로 시작되며, 천 리 길도 한 걸음부터 시작된다는 옛 격언처럼, 글쓰기의 여정도 오늘 이 첫 문장으로부터 시작합니다.

마치는 글

정
영
미

내가 살아온 삶의 여정을 마주하고 정리하는 소중한 시간이었다. 아홉 명의 저마다 다른 인생이 모여 한 권의 책이 되었다. 이 책은 누군가의 처음이 되었고, 또 누군가에게는 오랫동안 감춰왔던 속마음을 꺼내 놓는 용기가 되었으며, 내게는 다시 시작할 수 있음을 말해 주는 응원의 무대가 되었다.

삶은 종종 예기치 않은 방향으로 흘러간다. 그 길목마다 선택이 있고, 그 선택에 의해 지금의 내가 되었다. 나는 배움과 성장을 향한 간절한 마음으로 두려움 앞에서도 한 걸음씩 내디뎠다. 결국 그 너머에 있는 나 자신을 만날 수 있었다. 우리가 들려준 이 아홉 개의 이야기가 작은 위로가 되고, 멈추는 걸음에 따뜻한 바람이 되길 바란다.

이
은
진

힘들었던 시간을 멈추고 책을 읽으며 마음을 치유하고, 무엇이든 할 수 있다는 자신감이 회복되었습니다. 정리하고, 조금 일찍 일어나고, 읽고 쓰며 나는 나를 단단히 다듬어 가고 있습니다. 혼자였다면 멈췄을 여정도 함께여서 계속할 수 있었습니다. 책 한 권이 나를 작가로 부르게 했고, 책 한 줄이 내 삶을 바꾸었습니다. 이 책을 읽는 독자들의 위로와 공감이 되고, 문제 해결이 되었으면 합니다.

나는 오늘도 조금씩 성장 중입니다. 더 가볍게, 더 깊게, 더 꾸준하게.

김
선
자

살아가면서 우리는 인생을 얼마나 뒤돌아보면서 살까? 나는 언제나 앞만 보고 달리기 한 것 같다. 글쓰기를 하다 보니 나의 삶 중에서 과거의 한 페이지를 다시 꺼내어 본다는 것이 나의 인생을 정리하는 것 같았다. 글을 쓰면서 작은 것에도 관심과 관찰을 하게 되고 새로운 생각을 하면서 보는 관점이 달라지고 있음을 알았다. 푸르름과 초록이 가득한 날에 글쓰기를 통해 많은 인연과 나를 더욱더 사랑할 수 있는 여유와 힘이 생겨 감사하다.

라
선
경

'아무것도 하지 않으면 아무 일도 일어나지 않는다.' 이번 공저 글쓰기를 마무리하면서 이 말이 생각납니다. 용기 내어 도전하고 실천하지 않았다면 함께하시는 작가님들도 만날 수 없었을 것이며, 언젠가 책을 써야 한다고만 했던 일이 훨씬 더 많이 늦어졌을 수도 있겠다는 생각이 들었기에 지금은 감사만 남습니다. 나의 작은 실천이 누군가에게 선택할 힘을 선사할 것이란 생각이 듭니다.

류
정
희

글을 쓰는 작업은 언제나 힘이 들지만 나를 돌아보고 다듬는 귀한 시간이 되었습니다. 이번 글쓰기로 몸과 마음의 굴곡을 지난 내 삶을 보듬고 안아 주었습니다. 나와 타인을 진심으로 용서하고, 감사하고, 다시 사랑하며 살아갈 용기와 도전이 되었습니다. 더 잘 살아 낼 앞으로의 내 인생을 힘껏 응원해 봅니다. 글을 제때 쓸 수 있도록 독려해 주신 이선희 대표님, 꼼꼼히 챙겨봐 주신 이은진 작가님과 이하 함께 글을 쓰신 작가님들께 진심으로 감사드립니다.

장
은
경

글을 쓰면서 마음이 치유되는 것을 느꼈습니다. 그동안은 늘 수긍만 하며 살아온 인생이었지만, 이제는 글을 통해 나를 아끼는 방법과 다른 사람과 소통하는 법을 배워 가고 있습니다. 나를 조금씩 알아 가니 삶의 무게도 조금씩 가벼워지고 있습니다. 지금 또 한 번의 도전을 준비해 장사를 다시 시작했습니다. 이번에는 경기나 환경이 아닌, 오롯이 '나'의 경험과 진정성으로 부딪쳐 보려 합니다. 두 번의 폐업을 딛고 다시 일어선 50대 열정 있는 아줌마입니다. 많이 응원해 주세요.

하주언

저는 태도가 좋은 사람을 좋아합니다. 그래서 저도 태도가 좋은 사람이 되고 싶었습니다. 아줌마로 살고 싶지 않았습니다. 전공과는 다른 일을 선택하면서 또 다른 가치를 알게 되었습니다. 가치를 알리는 일에 열정을 갖기 시작하였습니다. 이제는 과정을 통해서 알게 된 모든 것들이 나에게 거름이 되었습니다. 태도가 모든 것을 만듭니다. 더 겸손하게 더 배우는 자세로 입하는 태도를 보인 사람으로 그렇게 살아가고 싶습니다.

이
선
희

늦은 나이 마흔에 공부 시작했습니다. 제 입에서 툭 튀어나오는 단어는 '주경야독'입니다. 낮에 강의하고, 밤에 공부했습니다. 저의 미친 존재감은 배워서 성장하며, 나누는 일입니다. 결핍을 통해 자극받으며 단련된 정신은, 나의 내면을 키우는 자생력이 됩니다. 스스로 동기 부여 하며 나를 단련하기 위해 행동으로 증명합니다. 배우고 성장하는 삶을 통해 확장된 플로리시를 꿈꿉니다. 사명은 한 가족당 한 명의 코치 세우기. 비전은 해냄 글쓰기 클래스에서 2027년 12월까지 300명이 읽고, 쓰고, 성찰하는 삶으로 나아가기입니다.

권
광
택

네 편의 글을 통해 내 인생의 중요한 순간들을 돌아보았습니다. 과거의 경험을 정리하고, 현재의 감정을 표현하며, 미래에 대한 꿈을 그려 보는 글쓰기 작업은 생각보다 풍요로운 시간이었습니다. 사업과 사회 활동으로 바쁘게 살아오며 미처 돌보지 못했던 가족과의 관계도 소중히 여기고 있습니다. 특히, 아내와 함께하는 시간과 내 안의 내면과 만남이 인생에서 값진 순간임을 깨달았습니다. 앞으로 전원주택에서 지친 심신을 달래며, 삶에 대해 깊이 있는 사유와 의미 있는 시간을 보내고 싶습니다.